일본어 초보학습자를 위한

일본어와 일본문화

(I)

쿠시베 에이지 저

Academy House

學 士 院

이누하리코(いぬはりこ : 犬張り子)

아기가 출생한 지 31일 되는 남아와 32일 되는 여아가 처음으로 신사에 참배하고 돌아오는 길에 부모와 같이 친척집에 들르면 아기에게 이누하리코를 선물한다.

개는 인간에게 충직하고, 다산·순산하는 개의 특성으로 일본에서는 하나의 마스코트(mascot)가 되었다. 이누하리코는 액막이 장식용 개로 사악한 기운을 막고 건강한 아기로 자라게 해달라는 뜻으로 아기들 가까이 놓아둔다.

산자루(さんざる : 三猿)

닛코(日光)에는 토쿠가와 이에야스(徳川家康)의 사당인 토쇼쿠(東照宮)가 있는데 원래 시즈오카(静岡)에 있는 그의 묘를 이장해서 토쇼지(東照寺)에 신으로 모셨기 때문에 붙여진 것이다.

토쇼쿠에 세운 석조토리이인 이시토리이(石鳥居)는 일본 삼대 토리이 가운데 하나이다. 계단을 따라 올라가면 왼쪽의 마구간에 말의 수호신인 원숭이가 8곳에 조각되어 있는데 눈·귀·입을 막고 있는 3마리 원숭이를 산자루라고 한다. 이는 '보지 않고 듣지 않고 말하지 않는다'는 처세술을 함축하고 있다.

소년들이여, 큰 뜻(대망)을 품어라!!

少年(しょうねん)よ、大志(たいし)を抱(いだ)け!

Boys, be ambitious!

ボーイズ、ビー アンビシャス!

클라크박사 동상

위는 일본의 홋카이도(北海道, 면적 83,519㎢)의 남서부에 위치한 삿포로(札幌, 인구 180여만명)시 양의 언덕(羊ケ丘: ひつじがおか) 전망대(展望台)에 세워진 클라크(クラーク; William Smith Clark, 1826~86)박사의 동상이다.

클라크박사는 미국의 농학자이며 교육학자로 매사추세츠(Massachusetts) 주립대학교 농과대학장을 지낸 후 일본 메이지(明治)정부의 초청으로 홋카이도 개척의 기초를 놓은 쿠로다 키요타카(黑田淸隆)의 안내로 미국인 조수 2명과 함께 요코하마(橫濱)를 거쳐 1876년 7월 말에 삿포로에 도착하였다.

당시 황무지에 세운 농림학교의 교무부장(교감)에 부임하여 학생 16명(1회, 정원 20명 관비기숙생 선발)과 더불어 주야로 높은 이상과 뜨거운 열정, 기독교정신으로 청년들을 일깨웠다. 그러나 기독교 복음을 학생들에게 전하여 모두 예수 그리스도를 영접한 일로 계약기간도 채우지 못하고 8개월여만인 1877년 5월 잔설이 덮인 눈길을 걸어 본국으로 돌아갈 때 아쉬움으로 송별나온 학생들·동료 교수들을 일일이 가슴을 끌어안으며 헤어질 때 들려준 "Boys, be ambitious in Christ." 이 말은 그들 젊은 청년들의 가슴마다 깊이 심어져 일본인들이 좋아하는 명언이 되었으며, 삿포로 대학교정에도 그의 동상과 함께 글귀가 새겨져 있다.

머리말
はしがき

본서는 제2외국어로 일본어(日本語)를 선택한 학생들의 유익(有益)을 얻을 수 있도록 이때까지 시중에 나온 학습서와 차별된 교재로 엮어보았다.

사실 한국어와 일본어는 중국에서 쓰는 한자를 국어화하였고, 더욱이 양국어는 어순이나 문법구조의 측면에서 너무 비슷하다. 그래서 일본어 초보학습의 한국인에게는 다른 외국어에 비해 배우기 쉬운 언어라 단정하고 학습을 게을리하므로 초급단계를 벗어나지 못하는 원인이 되고 있다.

나라가 다르고 오랜 세월에 걸쳐 형성된 문화도 다른 만큼 언어체계도 달라질 수 밖에 없다. 따라서 일본어를 학습함에 있어서 언어특징을 정확히 이해하고, 한국어(韓国語)와의 차이점에 유의함으로써 일본어를 올바르게 구사할 수 있는 능력이 길러지게 된다.

이 교재는 이러한 학습자들을 위하여 일본문화(日本文化)를 이해할 수 있는 자료들을 많이 넣도록 하였다. 또 같은 한자권(漢字圏)의 한・중・일(韓・中・日) 세 나라의 한자발음가(漢字発音価)가 유사성도 있지만 많이 다르다는 점을 유의해야 한다. 본서의 등장인물 성씨(姓氏)는 일본에서 많이 부르는 순위로 하였다.

교양일본어로 배울 때 공휴일・축제・시험 등 시간적 제약으로 맛보기 정도만 학습하게 되는 현실성을 감안하여 교과의 시수와 진도 등에

도 유의하도록 필자나름으로 노력하였다. 가능한 본서의 15강을 다 마스터하기를 바라는 바, 이 교재를 선정하여 가르치는 교수님께서 재량(載量)을 발휘하시기를 바라는 것이다.

수업의 매 강의마다 기본대화(基本対話: きほんたいわ)에 따른 **대화연습 · 독해연습 · 작문연습 · 듣기연습 · 한자쓰기**에서 말하고 · 들어보고 · 써보는 등 실제연습을 통하여 반복학습하도록 하였으며, 13 · 14 · 15강에서는 문법적인 마무리 강의가 되게 하였다.

엮고 보니 아직도 미비한 점이 많으나 앞으로 보완을 계속할 것을 약속드리며 이 책을 내어 놓는다. 학습자 여러분의 건투를 빈다.

끝으로 본서가 나오기까지 많은 조언을 주시고 함께 녹음까지 해주신 영남이공대학 가와하라다 교수님께 감사드리며, 출판을 맡아주신 학사원과 편집자 제위께 감사드리는 바이다.

2013년 2월

저자 씀

目 次
もくじ

제1부 일본문자의 이해

제2부 기본일본어와 대화

부록(付錄)

第1部

日本文字의 理解

히로시마 이츠쿠시마신사

Ⅰ. 일본의 문자
Ⅱ. 일본어의 발음

마네키 네코(まねきねこ : 招き猫)

앞발로 사람을 부르는 모양을 한 장식물 고양이. 손님이 많이 들어오기를 비는 뜻으로 가게 앞이나 입구 쪽에 놓아 둔다. 「まねき」는 '손님끄는 장식물', 또는 '사람'을 뜻한다.

오른발을 들어 부르면 재화를, 왼발을 들어 부르면 손님을 불러들인다고 한다.

후쿠와라이(ふくわらい : 福笑い)

설날놀이의 하나로 눈을 가린 후에 미리 얼굴윤곽만 그린 밑종이 위에다 눈썹·눈·코·귀·입이 그려진 종이그림을 풀로 붙여 완성한 작품이다.

이는 복(ふく)을 부르는 웃음(わらい)을 뜻하며, 익살스러움을 즐기는데 목적이 있다.

Ⅰ. 日本의 文字

일본에서 사용하고 있는 文字에는「히라가나(ひらがな: 平仮名)」·「카타카나(カタカナ: 片仮名)」·「漢字(かんじ)」의 세 가지가 있다. 「ひらがな」와 「カタカナ」는 원래 중국의 漢字에서 유래된 문자이며, 이 두 문자를 「かな(仮名)」라 칭한다. 문장으로 표현할 때「かな」는 물론 한자도 같이 섞어서 사용한다.

「かな」 문자수(文字数)는 현재 쓰이지 않는 4字를 제외하면「ひらがな」,「カタカナ」 각기 46字이고, 현대에는 여기에 Roma字(ローマじ), Arabia 数字(アラビアすうじ) 등을 섞어 다양하게 사용하고 있다.

1. 히라가나(平仮名:ひらがな)

히라가나는 平安(へいあん)시대(794~1192年) 초중기에 한자의 초서체(草書体)에서 유래(由来)된 문자로, 남자들이 한문을 사용한 반면에 주로 여성들 사이에서 사용되었기 때문에 女手(おんなで), 女文字(おんなもじ)라고도 불리웠으나 현대에는 일상생활의 문장·인쇄·필기 등에 가장 보편적으로 사용되는 자체가 되었다.

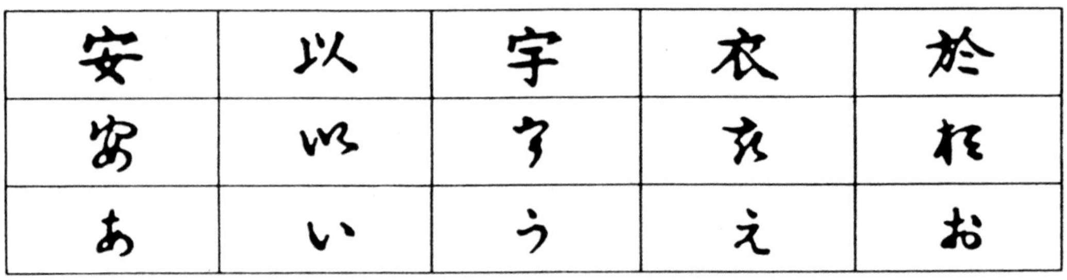

<히라가나의 자원>

2. 카타카나(片仮名:カタカナ)

카타카나는 平安시대 초기에 승려들이 불전(仏典: 불교경전인 仏経)을 읽기 쉽도록 한자의 획 일부분을 떼어 간단히 만든 독음문자로 쓰다가 오늘날에는 「ひらがな」보다는 사용범위가 좁으며, 주로 외래어·의성어·의태어 등에 사용되고 있다. 또, 간혹 감탄사나 어감을 강조하고자 하는 경우 등에도 사용된다.

阿	伊	宇	江	於
阿	伊	宇	江	於
ア	イ	ウ	エ	オ

<카타카나의 자원>

3. 한자(漢字:かんじ)

일본에서는 중국(中国:ちゅうごく)의 한자를 수용(受容)한 뒤 복잡한 한자를 정리하여 정자(正字)가 아닌 속자(俗字), 글자 획수를 줄인 약자(略字:일본에서는 정자로 사용), 자체적으로 만든 일본 한자인 국자(国字)를 사용하고 있다.

① 속자 : 舘 → 館
② 약자 : 國 → 国
③ 국자 : 動 → 働

교육용 한자를 선정할 필요성을 느낀 일본 문부성(文部省)은 1946(昭和 21)년 11월 16일에 당용한자(当用漢字:とうようかんじ)라고 해서 제1차(내각고시)로 제정(制定)한 1,850字를, 1981(昭和 56)년 10월 1일에 다시 제2차로 상용한자(常用漢字:じょうようかんじ)라는 이름으로 대체하여 1,945字로 자수를 늘렸다. 그리고 2010(平成 22)년 6월 7일 문화심의회(文化審議会)가 개정상용한자표(改訂常用漢字表) 2,136자를 답신해서 이것이 내각공지후 새로운 상용한자로 사용하게 되었다. 이때 196자를 추가했지만 기존 상용한자표에서 5자(勺·錘·銑·脹·匁)를 삭제하므로 191자가 증자(増字)된 것이다.

한자 읽는 법에는 음독(音読)과 훈독(訓読)이 있는데 세분하면 5가지나 된다. 한자를 음독으로 읽는 경우도 있고, 훈독으로 읽는 경우도 있어 한자를 대할 때마다 꼼꼼이 따져 완전하게 이해하는 일이 무엇보다 중요하다.

한자 읽는 법을 참고로 들어보면 ① 음독 ② 훈독 ③ 훈음, 또는 음훈 ④ 숙자훈 ⑤ 관용음이 있다.

(1) 음독(音読:おんどく)

한자가 일본에 전해질 때 그 한자가 가진 중국어(中国語) 발음이 일본어화(日

本語化)한 것이다. 음독의 경우 한국어에서는 1자 1음이 원칙이지만, 일본어에서는 몇 가지나 된다. 말하자면 소리나는 대로 읽는 방법인데 한·중·일 한자권의 음독은 유사한 경우가 많다.

・安静 :(ānjing : 中), (anjeong : 韓), (ansei : 日)

(2) 훈독(訓読:くんどく)

훈독은 그 한자의 뜻을 새겨 고유일본어인 와고(和語 :わご)로 읽는 방법을 말한다.

・人 : 사람 → ひと
・学ぶ : 배우다 → まなぶ

(3) 쥬바코요미(重箱読み:じゅうばこよみ)와 유토오요미(湯桶読み:ゆとうよみ)

・団子(ダンご) : 경단 (쥬바코요미: 음+훈)
・荷物(にモツ) : 화물 (유토오요미: 훈+음)

(4) 취음자(当て字:あてじ)와 숙자훈(熟字訓:じゅくじくん)

・部屋(へや) : 방 (취음자: 훈 차용)
・亜米利加(アメリカ) : 미국 (취음자: 음 차용)
・今日(きょう) : 오늘 (숙자훈 : 훈・음에 관계없이 한자만 차용)

(5) 관용음(慣用音:かんようおん)과 백성독(百姓読み:ひゃくしょうよみ)

・話(クワ) → (ワ): 이야기, 동화 (관용음)
・矜持(キョウジ) → (キンジ): 긍지 (백성독)

4. 오십음도(五十音図:ごじゅうおんず)

「かな」를 음(音)에 따라 5자씩 10行으로 배열한 도표를 「五十音図」라고 한다.

또한 오십음도에서 다음 표에 제시한 바와 같이 가로의 열을 단(段)이라 하고, 세로의 줄을 행(行)이라 한다.

ひらがな(平仮名)와 字源

	あ행	か행	さ행	た행	な행	は행	ま행	や행	ら행	わ행	
あ단	あ (安)	か (加)	さ (左)	た (太)	な (奈)	は (波)	ま (末)	や (也)	ら (良)	わ (和)	ん (无)
い단	い (以)	き (幾)	し (之)	ち (知)	に (仁)	ひ (比)	み (美)	(い)	り (利)	[ゐ] (為)	
う단	う (宇)	く (久)	す (寸)	つ (川)	ぬ (奴)	ふ (不)	む (武)	ゆ (由)	る (留)	(う)	
え단	え (衣)	け (計)	せ (世)	て (天)	ね (祢)	へ (部)	め (女)	(え)	れ (礼)	[ゑ] (恵)	
お단	お (於)	こ (己)	そ (曽)	と (止)	の (乃)	ほ (保)	も (毛)	よ (与)	ろ (呂)	を (遠)	

カタカナ(片仮名)와 字源

	ア행	カ행	サ행	タ행	ナ행	ハ행	マ행	ヤ행	ラ행	ワ행	
ア단	ア (阿)	カ (加)	サ (散)	タ (多)	ナ (奈)	ハ (八)	マ (末)	ヤ (也)	ラ (良)	ワ (和)	ン (尓)
イ단	イ (伊)	キ (幾)	シ (之)	チ (千)	ニ (二)	ヒ (比)	ミ (三)	(イ)	リ (利)	[ヰ] (井)	
ウ단	ウ (宇)	ク (久)	ス (須)	ツ (川)	ヌ (奴)	フ (不)	ム (牟)	ユ (由)	ル (流)	(ウ)	
エ단	エ (江)	ケ (介)	セ (世)	テ (天)	ネ (祢)	ヘ (部)	メ (女)	(エ)	レ (礼)	[ヱ] (恵)	
オ단	オ (於)	コ (己)	ソ (曽)	ト (止)	ノ (乃)	ホ (保)	モ (毛)	ヨ (与)	ロ (呂)	ヲ (乎)	

① ひらがな(平仮名) 일람표

		段 行	あ段	い段	う段	え段	お段
清音	母音	あ行	あ a	い i	う u	え e	お o
	子音	か行	か ka	き ki	く ku	け ke	こ ko
		さ行	さ sa	し shi	す su	せ se	そ so
		た行	た ta	ち chi	つ tsu	て te	と to
		な行	な na	に ni	ぬ nu	ね ne	の no
		は行	は ha	ひ hi	ふ hu	へ he	ほ ho
		ま行	ま ma	み mi	む mu	め me	も mo
	半母音	や行	や ya	(い) (i)	ゆ yu	(え) (e)	よ yo
	子音	ら行	ら ra	り ri	る ru	れ re	ろ ro
		わ行	わ wa	(い) (i)	(う) (u)	(え) (e)	を o
			ん N				
濁音		が行	が ga	ぎ gi	ぐ gu	げ ge	ご go
		ざ行	ざ za	じ ji	ず zu	ぜ ze	ぞ zo
		だ行	だ da	ぢ ji	づ zu	で de	ど do
		ば行	ば ba	び bi	ぶ bu	べ be	ぼ bo
半濁音		ぱ行	ぱ pa	ぴ pi	ぷ pu	ぺ pe	ぽ po

② カタカナ(片仮名) 일람표

		段 / 行	あ段	い段	う段	え段	お段
清音	母音	あ行	ア a	イ i	ウ u	エ e	オ o
	子音	か行	カ ka	キ ki	ク ku	ケ ke	コ ko
		さ行	サ sa	シ shi	ス su	セ se	ソ so
		た行	タ ta	チ chi	ツ tsu	テ te	ト to
		な行	ナ na	ニ ni	ヌ nu	ネ ne	ノ no
		は行	ハ ha	ヒ hi	フ hu	ヘ he	ホ ho
		ま行	マ ma	ミ mi	ム mu	メ me	モ mo
	半母音	や行	ヤ ya	(イ) (i)	ユ yu	(エ) (e)	ヨ yo
	子音	ら行	ラ ra	リ ri	ル ru	レ re	ロ ro
		わ行	ワ wa	(イ) (i)	(ウ) (u)	(エ) (e)	ヲ o
			ン N				
濁音		が行	ガ ga	ギ gi	グ gu	ゲ ge	ゴ go
		ざ行	ザ za	ジ ji	ズ zu	ゼ ze	ゾ zo
		だ行	ダ da	ヂ ji	ヅ zu	デ de	ド do
		ば行	バ ba	ビ bi	ブ bu	ベ be	ボ bo
半濁音		ぱ行	パ pa	ピ pi	プ pu	ペ pe	ポ po

③ ようおん(拗音) 일람표

きゃ kya	しゃ sha	ちゃ cha	にゃ nya	ひゃ hya		みゃ mya	りゃ rya
きゅ kyu	しゅ shu	ちゅ chu	にゅ nyu	ひゅ hyu		みゅ myu	りゅ ryu
きょ kyo	しょ sho	ちょ cho	にょ nyo	ひょ hyo		みょ myo	りょ ryo
ぎゃ gya	じゃ ja	ぢゃ ja		びゃ bya	ぴゃ pya		
ぎゅ gyu	じゅ ju	ぢゅ ju		びゅ byu	ぴゅ pyu		
ぎょ gyo	じょ jo	ぢょ jo		びょ byo	ぴょ pyo		

キャ kya	シャ sha	チャ cha	ニャ nya	ヒャ hya		ミャ mya	リャ rya
キュ kyu	シュ shu	チュ chu	ニュ nyu	ヒュ hyu		ミュ myu	リュ ryu
キョ kyo	ショ sho	チョ cho	ニョ nyo	ヒョ hyo		ミョ myo	リョ ryo
ギャ gya	ジャ ja	ヂャ ja		ビャ bya	ピャ pya		
ギュ gyu	ジュ ju	ヂュ ju		ビュ byu	ピュ pyu		
ギョ gyo	ジョ jo	ヂョ jo		ビョ byo	ピョ pyo		

あ	ア a
い	イ i
う	ウ u
え	エ e
お	オ o

あい

いえ

うえ

えき

あお

• あい：사랑, いえ：집, うえ：위(上), えき：역, あお：파랑

히라가나	가타카나	로마자
か	カ	ka
き	キ	ki
く	ク	ku
け	ケ	ke
こ	コ	ko

かお
あき
きく
いけ
ここ

• かお：얼굴, あき：가을, きく：국화, いけ：연못, ここ：여기

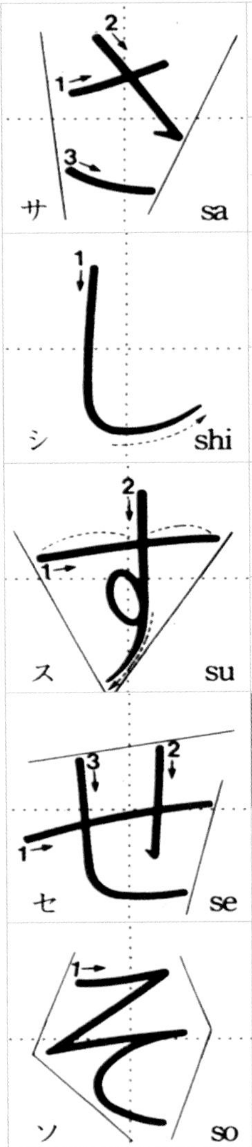

あさ	
うし	
いす	
せき	
うそ	

• あさ：아침, うし：소, いす：의자, せき：자리, うそ：거짓말

た タ ta	
ち チ chi	
つ ツ tsu	
て テ te	
と ト to	
うた	
ちか	
くつ	
て	
おと	

• うた：노래,　ちか：지하,　くつ：구두,　て：손(手),　おと：소리

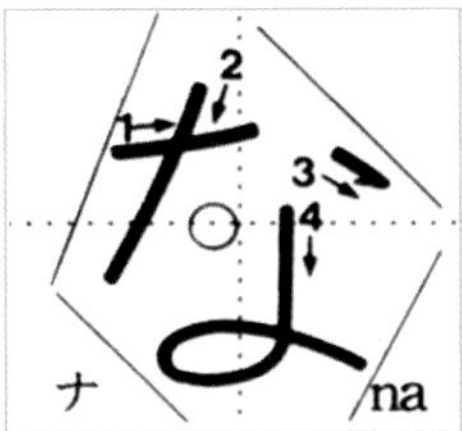

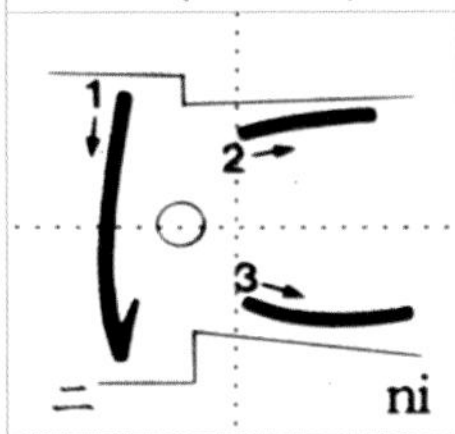

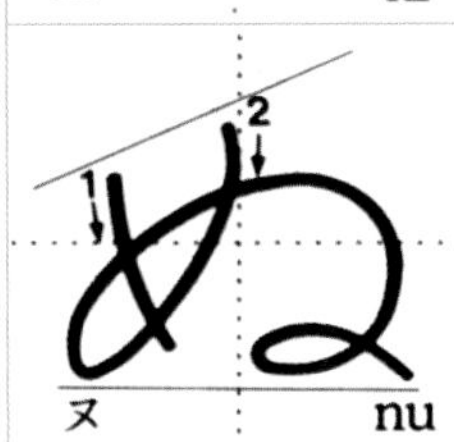

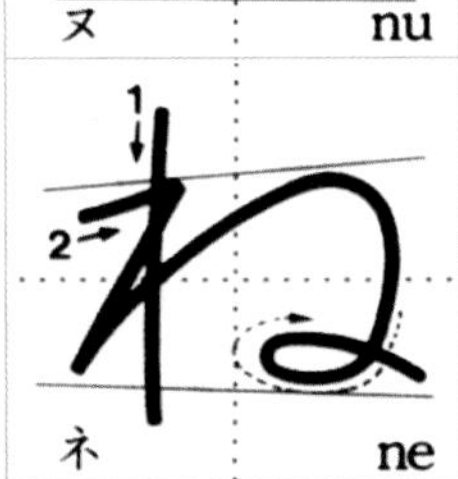

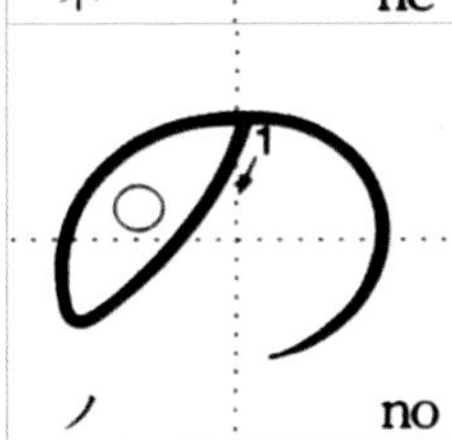

なか				
くに				
いぬ				
ねこ				
きのう				

• なか：안(속), くに：나라, いぬ：개, ねこ：고양이, きのう：어제

히라가나	가타카나	로마자
は	ハ	ha
ひ	ヒ	hi
ふ	フ	fu
へ	ヘ	he
ほ	ホ	ho

はな

ひと

ふく

へそ

ほし

• はな：꽃, ひと：사람, ふく：옷(服), へそ：배꼽, ほし 별

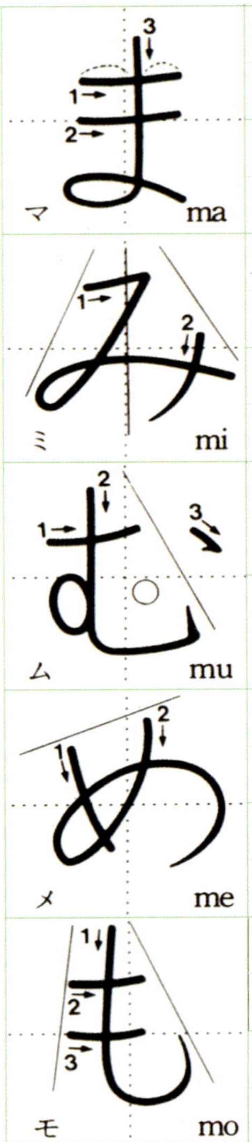

まめ

みみ

むし

あめ

もち

• まめ：콩, みみ：귀, むし：벌레, あめ：비, もち：떡

や ヤ ya									
い イ i									
ゆ ユ yu									
え エ e									
よ ヨ yo									

やま				
かやく				
ゆき				
ゆめ				
よこ				

• やま : 산, かやく : 화약, ゆき : 눈, ゆめ : 꿈, よこ : 옆, 곁

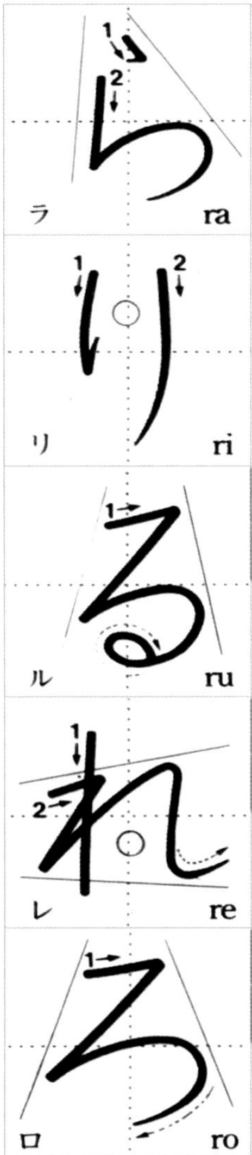

そら

とり

さる

あれ

ろく

• そら：하늘, とり：새, さる：원숭이, あれ：저것, ろく：육(六)

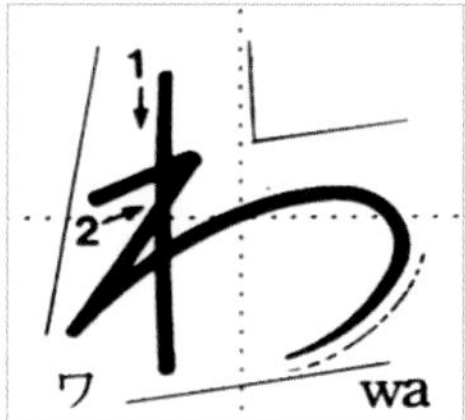

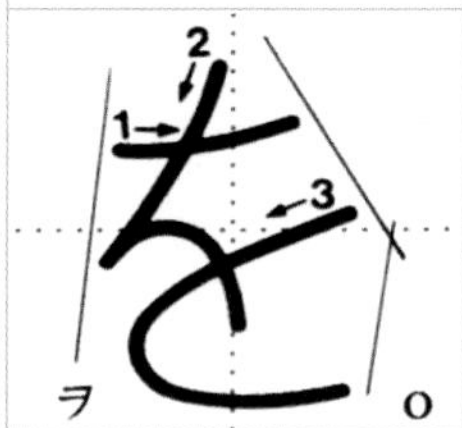

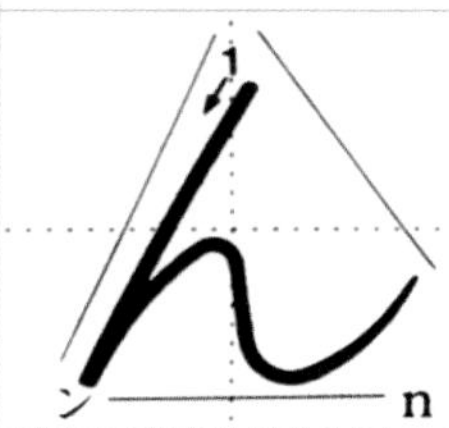

かわ				
わたし				
わに				
～を				
さん				

• かわ：강, わたし：나, わに：악어, ～を ～을/를, さん：삼(三)

문자	가타카나	로마자
が	ガ	ga
ぎ	ギ	gi
ぐ	グ	gu
げ	ゲ	ge
ご	ゴ	go

がか
かぎ
ふぐ
げんき
ごご

• がか : 화가, かぎ : 열쇠, ふぐ : 복어, げんき : 원기, ごご : 오후

히라가나	가타카나	발음
ざ	ザ	za
じ	ジ	ji
ず	ズ	zu
ぜ	ゼ	ze
ぞ	ゾ	zo

ざる

じんち

ちず

かぜ

ぞう

• ざる：소쿠리, じんち：진지, ちず：지도, かぜ：감기, ぞう：코끼리

だ ダ da	
ぢ ヂ ji	
づ ヅ zu	
で デ de	
ど ド do	
だれ	
はなぢ	
きづく	
でんわ	
どこ	

• だれ：누구, はなぢ：코피, きづく：눈치채다, でんわ：전화, どこ：어디

Character	Katakana	Romaji	Practice							
ば	バ	ba	ば						バ	
			ば						バ	
び	ビ	bi	び						ビ	
			び						ビ	
ぶ	ブ	bu	ぶ						ブ	
			ぶ						ブ	
べ	ベ	be	べ						ベ	
			べ						ベ	
ぼ	ボ	bo	ぼ						ボ	
			ぼ						ボ	

Word					
ばか					
びん					
ぶた					
べつ					
そぼ					

• ばか : 바보, びん : 병, ぶた : 돼지, べつ : 다름(상이함), そぼ : 할머니

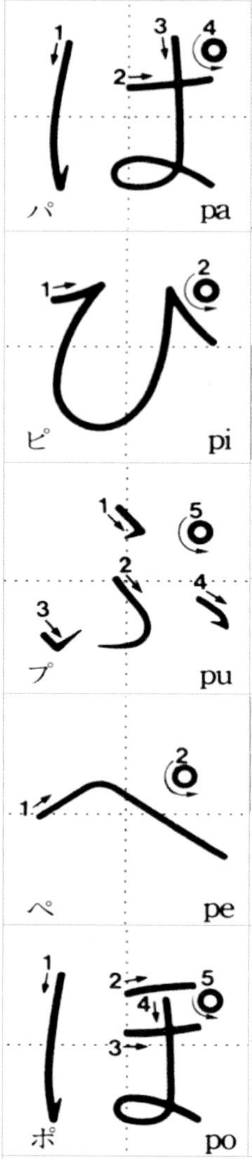

しんぱい		
ぴかぴか		
まんぷく		
ぺらぺら		
さんぽ		

• しんぱい : 걱정, ぴかぴか : 반짝반짝, まんぷく : 배가부름, ぺらぺら : 술술, さんぽ : 산책

きゃ	きゅ	きょ	ぎゃ	ぎゅ	ぎょ
きゃ	きゅ	きょ	ぎゃ	きゅ	きょ

キャ	キュ	キョ	ギャ	ギュ	ギョ
キャ	キュ	キョ	ギャ	ギュ	ギョ

きゃく		
きゅうこう		
きょう		
ぎゃく		
ぎゅうにゅう		
ぎょこう		

• きゃく：손님,　　きゅうこう：급행,　　きょう：오늘,　　ぎゃく：반대,
ぎゅうにゅう：우유,　ぎょこう：어항

しゃ	しゅ	しょ	じゃ	じゅ	じょ
しゃ	しゅ	しょ	じゃ	じゅ	じょ
シャ	シュ	ショ	ジャ	ジュ	ジョ
シャ	シュ	ショ	ジャ	ジュ	ジョ

しゃかい		
しゅと		
ばしょ		
じゃま		
じゅうよう		
じょし		

• しゃかい：사회, しゅと：수도, ばしょ：장소, じゃま：방해, じゅうよう：중요, じょし：여자

ちゃ	ちゅ	ちょ	にゃ	にゅ	にょ
ちゃ	ちゅ	ちょ	にゃ	にゅ	にょ
チャ	チュ	チョ	ニャ	ニュ	ニョ
チャ	チュ	チョ	ニャ	ニュ	ニョ

おちゃ		
ちゅうい		
ちょうり		
こんにゃく		
にゅうがく		
にょうぼう		

• おちゃ：차, ちゅうい：주의, ちょうり：조리, こんにゃく：곤약, にゅうがく：입학, にょうぼう：마누라

ひゃ	ひゅ	ひょ	びゃ	びゅ	びょ
ひゃ	ひゅ	ひょ	びゃ	びゅ	びょ

ヒャ	ヒュ	ヒョ	ビャ	ビュ	ビョ
ヒャ	ヒュ	ヒョ	ビャ	ビュ	ビョ

ひゃく		
ひょうき		
ひょうし		
さんびゃく		
びゅうびゅう		
びょういん		

• ひゃく：백(百)，　ひょうき：표기，　ひょうし：표지，　さんびゃく：삼백，　びゅうびゅう：쌩쌩(바람)，　びょういん：병원

ぴゃ	ぴゅ	ぴょ	みゃ	みゅ	みょ
ぴゃ	ぴゅ	ぴょ	みゃ	みゅ	みょ

ピャ	ピュ	ピョ	ミャ	ミュ	ミョ
ピャ	ピュ	ピョ	ミャ	ミュ	ミョ

ろっぴゃく		
ぴゅうぴゅう		
はっぴょう		
みゃく		
みょうだ		
みょうぎ		

• ろっぴゃく：육백, ぴゅうぴゅう：윙윙(바람), はっぴょう：발표, みゃく：맥(脈), みょうだ：묘하다, みょうぎ：묘기

りゃ	りゅ	りょ	けっ	たっ	はっ
りゃ	りゅ	りょ	けっ	たっ	はっ

リャ	リュ	リョ	ケッ	タッ	ハッ
リャ	リュ	リョ	ケッ	タッ	ハッ

りゃくじ		
かりゅう		
りょう		
けっせき		
たっぷり		
はっきり		

• りゃくじ：약자, かりゅう：하류, りょう：기숙사, 양(量), けっせき：결석, たっぷり：많이, はっきり：확실히

Ⅱ. 日本語의 発音

일본어의 발음은 청음(清音), 탁음(濁音), 반탁음(半濁音), 요음(拗音), 발음(撥音) 등으로 분류할 수 있다. 청음은 다시 모음(母音), 반모음(半母音), 자음(子音)으로 나누어진다.

앞의 「ひらがな」(平仮名)와 「カタカナ」(片仮名)의 일람표를 참고하여 발음을 연습해보자.

1. 청음(清音:せいおん)

청음은 오십음도상(五十音図上)에 있는 「かな」의 音(소리)을 말한다.

① 母音(ぼおん、ぼいん)

「あ・い・う・え・お」

② 半母音(はんぼいん)

「や・ゆ・よ・わ」

③ 子音(しおん、しいん)

か行의 「か・き・く・け・こ」, さ行의 「さ・し・す・せ・そ」, た行의 「た・ち・つ・て・と」, な行의 「な・に・ぬ・ね・の」, は行의 「は・ひ・ふ・へ・ほ」, ま行의 「ま・み・む・め・も」, ら行의 「ら・り・る・れ・ろ」, わ行의 「わ・を」, 그리고 「ん」이다.

2. 탁음(濁音:だくおん)

탁음(濁音)은 목청이 떨어 울리는 소리인 유성음(有声音)으로, 청음 「か・さ・た・は」行의 글자 오른쪽 어깨에 탁점(濁点)인 「 ゛」을 찍어 표기한다.

が行의 「が・ぎ・ぐ・げ・ご」, ざ行의 「ざ・じ・ず・ぜ・ぞ」, だ行의 「だ・ぢ・づ・で・ど」, ば行의 「ば・び・ぶ・べ・ぼ」이다.

한국인은 한국어의 음운구조상 어두(語頭)에서는 무성음(無声音), 어중(語中)에서는 유성음(有声音)으로 발음하는 경향이 있다. 따라서 일본어 탁음이 어두에 올 경우 한국인은 대부분 무성음으로 발음하게 되는데 이점을 주의해야 한다.

「かぶき(歌舞伎)」와 「たてが(縦書)き」를 예로 들면,

・がくせい(学生: 학생)는 [gak(u)se: → kag(u)se:]로 발음하기 쉽다.

・たてが(縦書)き: 세로쓰기)는 [tategaki → tadegagi]로 발음하기 쉽다.

3. 반탁음(半濁音:はんだくおん)

청음「は・ひ・ふ・へ・ほ」의 오른쪽 어깨에 반탁점(半濁点)인「 ゜」를 붙여서 「ぱ・ぴ・ぷ・ぺ・ぽ」로 표기하는데 발음은 우리말의「파・피・푸・페・포」 또는 「빠・삐・뿌・뻬・뽀」와 비슷하다.

4. 요음(拗音:ようおん)

요음(拗音)은「や・ゆ・よ」를 い단인「き・し・ち・に・ひ・み・り・ぎ・じ・び・ぴ」에 작게 첨가해서 쓰는 음절로 한국어의 이중모음(二重母音)「ㅑ・ㅠ・ㅛ」와 동일하므로 발음상 곤란한 점은 없으나, 가끔 발음 중 반모음이 탈락하는 경우가 있으니 주의해야 한다.

・きゃく[kyaku](客) → ・かく[kaku] (×)

즉, き[ki] + ゃ[ya] → きゃ[kya] 구조이다.

다음에 보이는 음절의 길이를 참고해 보자

き	よ	う	기용(起用) →3박
きょ	う		오늘(今日) →2박

5. 장음(長音:ちょうおん):「ー」

모음(母音)의 장단(長短)은 단어의 뜻과 밀접한 관계가 있으며, 장음(長音)은 단음(短音)의 대략 두 배 길이로 발음한다.

한국어에서는 장음인 경우 한 때 발음을 늘려서「교오토」처럼 표기하다가 현재는「교토」로 장음표기(長音表記)를 하지 않지만, 발음시에는 장음으로 한다. 그러나 일본어에서는「表記」에 있어서나「発音」에 있어서나「長音」과「短音」이

분명히 구별되므로 특히 유의해야 한다.

다음과 같은 경우 장음으로 발음한다.

(1) あ段(濁音, 拗音포함) ＋ あ音

おかあさん 어머니 　　　おばあさん 할머니
[おかーさん] 　　　[おばーさん]

(2) い段(濁音포함) ＋ い音

ちいさい 작다 　　　おじいさん 할아버지
[ちーさい] 　　　[おじーさん]

(3) う段(濁音, 拗音포함) ＋ う音

くうき 공기 　　　すうがく 수학
[くーき] 　　　[すーがく]

(4) え段(濁音포함) ＋ い, 또는 え音

せんせい 선생님 　　　ねえさん 누님, 언니
[せんせー] 　　　[ねーさん]

(5) お段(濁音, 拗音포함) ＋ う, 또는 お音

おとうさん 아버지 　　　おおおとこ 몸집이 큰 남자
[おとーさん] 　　　[おーおとこ]

(6) 外来語에서는「ー」와 같이 줄을 그어 長音을 나타낸다.

ノート (note) 노트 　　　ケーキ (cake) 케익
テープ (tape) 테이프 　　　コーヒー (coffee) 커피

6. 발음(撥音:はつおん、はねるおん) : 「ん」

발음(撥音)은「ん」한 자(一字) 뿐이다. 어두에 오는 일은 없고, 다음 음절(音節)의 형태에 따라 각각「m・n・ŋ」으로 달리 발음된다. 특히 주의해야 할 점은 한국어의 받침과는 달리 한 박의 음절 길이를 가지고 있으므로 그 음절의 길이만큼 발음해야 한다는 것이다.

し	ん	ぶ	ん	(新聞 : 신문)
si	m	bu	ŋ	4박 (○)
심	붕			2박 (×)

① 「ば、ぱ、ま」行 앞에서는 「m」음으로 발음

しんぱい[shimpai](心配 : 걱정)　　さんまい[sammai](三枚 : 3장)

えんぴつ[empitsu](鉛筆 : 연필)　　しんみつ[shimmitsu](親密 : 친밀)

② 「さ、ざ、た、だ、な、ら」行 앞에서는 「n」음으로 발음

せんせい[senseː](先生 : 선생님)　　だんたい[dantai](団体 : 단체)

せんたく[sentaku](洗濯 : 세탁)　　てんせい[tenseː](天声 : 천성)

べんり[benri](便利 : 편리)　　おんな[onna](女 : 여자)

③ 「か、が、あ、は、や、わ」行 앞에서, 그리고 「ん」으로 마칠 때는 「ŋ」음으로 발음

まんが[maŋga](漫画 : 만화)　　かんこく[kaŋkoku](韓国 : 한국)

ぎんこう[giŋkoː](銀行 : 은행)　　れんあい[reŋai](恋愛 : 연애)

ほんやく[hoŋyaku](翻訳 : 번역)　　でんわ[deŋwa](電話 : 전화)

たんぶん[tambuŋ](短文 : 단문)　　しんぶん[shimbuŋ](新聞 : 신문)

7. 촉음(促音:そくおん、つまるおん): 「っ」

촉음 「っ」는 다른 글자 오른쪽 밑에 붙어서 우리말의 「ㅋ, ㅅ, ㅌ, ㅍ」과 같은 받침 구실을 하며, 「っ」다음에 오는 자음(子音)과 같은 음으로 변하고 물론 한 박의 음절 길이를 가진다. 다음에 오는 자음은 「か、さ、た、ぱ」行 뿐이다.

が	っ	こ	う	(学校: 학교)
ga	k	ko	u	4박 (○)
각	코			2박 (×)

① 「か」行 앞에서는 「ㅋ(k)」음으로 발음

いっこ[ikko](一個 : 1개)　　きっかけ[kikkake](切っ掛け : 계기)

しっかく[shikkaku](失格 : 실격)　　はっけん[hakken](発見 : 발견)

② 「さ」行 앞에서는 「ㅅ(s)」음으로 발음

いっしょう[issho:](一生 : 평생) ざっし[zasshi](雑誌 : 잡지)

はっしゃ[hassha](発車 : 발차) ねっしん[nesshiŋ](熱心 : 열심)

③ 「た」行 앞에서는 「ㅌ(t)」음으로 발음

いっとう[itto:](一等 : 일등) きって[kitte](切手 : 우표)

せったい[settai](接待 : 접대) なっとく[nattoku](納得 : 납득)

④ 「ぱ」行 앞에서는 「ㅍ(p)」음으로 발음

らっぱ[rappa](喇叭 : 나팔) とっぱ[toppa](突破 : 돌파)

しっぽ[shippo](尻尾 : 꼬리) しっぱい[shippai](失敗 : 실패)

8. 조사(助詞:じょし)

(1) は와 わ

「は」[ha]가 조사(助詞)인 경우는 「は」[wa]로 발음한다.

[ha] [wa]
はなしは おもしろいです。

(이야기는 재미있습니다.)

[ha] [wa] [wa]
はとは にわで あそびます。

(비둘기는 뜰에서 놉니다.)

(2) を와 お

「を」와 「お」는 [o]로 똑같이 발음하나, 「を」는 목적격 조사(助詞)로서 …을(를)의 의미를 갖는다.

[o][o]
かおを あらいます。

(얼굴을 씻습니다.)

[o] [o] [o]
おいしい おかしを たべます。

(맛있는 과자를 먹습니다.)

(3) へ와 え

「へ」[he]가 조사(助詞)인 경우는 「へ」[e]로 발음한다.

[he] [e]
へやへ はいります。
(방에 들어갑니다.)

[e] [e]
えきへ いきます。
(역에 갑니다.)

9. 로마자 표기(ローマ字 表記)

로마자나 외래어(外来語)의 표기는 「カタカナ」로 쓴다. 표기법은 「カタカナ」 발음 연습편을 참조하기를 바라며, 다음에 간단한 용례(用例)를 들어둔다.

(1) 長音은 「ー」로 표시(表示)한다.

アーム (arm)
カーテン (curtain)
ボール (ball)

(2) /f/音은 「ファ, フィ, フ, フェ, フォ」로 적는다.

ファースト (first)
フィルム (film)
フランス (France)
フェアープレー (fair play)
フォーク (fork)

(3) /v/音은 バ行으로 적는다.

バイオリン (violin)
ビタミン (vitamin)
ベテラン (veteran)
ボキャブラリー (vocabulary)

(4) /ti, di/는 「ティ, ディ」와 같이 적는다.

パーティー (party)

ビルディング (building)

(5) /dyu, fyu, pyu/는 「デュ, フュ, ピュ」와 같이 적는다.

プロデューサー (producer)

フューネラル マーチ (funeral march)

コンピューター (computer)

(6) /ʃe, tʃe, dʒe/ 등의 音은 「シェ, チェ, ジェ」와 같이 적는다.

シェービング クリーム (shaving cream)

チェス (chess)

ジェット プレイン (jet plane)

(7) /kwe, kwo/ 등의 音은 「クェ, クォ」와 같이 적는다.

クェスチョン マーク (question mark)

クォーター (quarter)

10. 오쿠리가나(送りがな)와 후리가나(振りがな)

(1) 동사(動詞)나 형용사(形容詞) 등의 한자를 훈독(訓読)할 경우, 한자 다음에 쓰여지는 「かな」를 「送(おく)りがな」라고 한다.

(2) 한자의 훈독(訓讀)·음독(音讀)의 읽는 법인 読(よ)みかな로 글자 위나 옆에 단 것을 「振(ふ)りがな」라고 한다. 「行(い)く」에서 (い)이다.

(예) 行(い)く　言(い)う　有(あ)る　買(か)う　違(ちが)う ……(動　詞)

가다　말하다　있다　사다　다르다

赤(あか)い　高(たか)い　近(ちか)い　重(おも)い　早(はや)い ……(形容詞)

빨갛다　높다　가깝다　무겁다　빠르다

11. 모음(母音)의 무성화(無声化)－黙音(サイレント)

(1) 무성자음(か・さ・た・は・ぱ행) 사이에 들어간「i」나「u」는 모음의 무성화(음이 명확화되지 않는 현상)가 일어난다. 이를 다시 쉽게 설명하면 글자「く」뒤에 さ行(さ・し・す・せ・そ)이 오면「く(ku)」의 모음인「u」발음이 생략되고「k」로 발음됨을 말한다.

(2) 무성자음에 이어지는「i」나「u」가 문말에 올 경우에도 무성화되는 경우이다.

(예)	やくそく (約束) 약속	→ [yak(u)soku] (4박발음)
	がくせい (学生) 학생	→ [gak(u)seː]
	たくさん (沢山) 많다	→ [tak(u)saŋ]
	おくさん (奥さん) 부인	→ [ok(u)saŋ]
	ちか(近)い	→ [ch(i)kai]
	しけん(試験)	→ [sh(i)ken]
	～です。	→ [des(u)]
	～ます。	→ [mas(u)]

12. 일본어의 악센트(音調:アクセント)

일본어의 음조(音調)는 영어와 같은 강약(強弱)의 악센트가 아니고, 고저(高低)의 악센트이다. 일본어 악센트는 낱말에 따라 정해져 있으며, 낱말의 고저에 따라 의미도 달라진다. 그래서 일본에는 NHK방송국이나 출판사에서 발행한 발음표기사전이 있다.

일본어 악센트는 단어 위에「￣」・「￣┐」로 표기하며,「￣」는 그 부분을 높게 발음하고,「￣┐」는 그 부분을 높였다가 다음 박(拍)은 낮게 발음하는 것을 의미한다. 악센트는 대체로 다음과 같이 4유형으로 분류한다.

(1) 평판형(平板型)

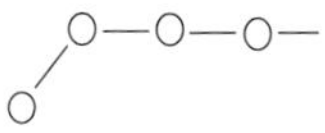 (が) ともだち(が)、 うし(が)、 き(が)
(친구들이) (소가) (기운이=気が)

그림처럼 단어 첫음절만 낮게, 그 뒤음 모두는 높게 발음하고, 조사(助詞)「が」도 함께 높게 발음하는 경우이다. 1음절・2음절 다 해당된다.

(2) 미고형(尾高型)

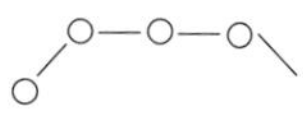 (が) あたま(が)、 なつ(が)、 いえ(が)
(머리가) (여름이) (집이)

그림처럼 단어 첫음절은 낮추고, 그 뒤음은 모두 높게 발음하고, 조사「が」등이 붙을 때 조사부분은 모두 낮게 발음하는 경우이다. 2음절인 경우도 같다.

(3) 중고형(中高型)

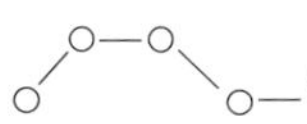 (が) あまがさ(が)、 こころ(が)、 としょかん(が)
(우산이) (마음이) (도서관이)

그림처럼 단어 첫음은 낮게, 중간음은 높게, 다시 그 다음 음과 조사「が」는 다시 낮게 발음하는 경우이며, 1음절・2음절에는 볼 수 없는 형이다.

(4) 두고형(頭高型)

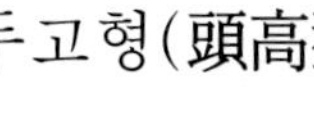 (が) まいにち(が)、きんこ(が)、あに(が)、き(が)
(매일이) (금고가) (형이) (나무가)

그림처럼 단어의 첫음만 높이고 그 뒤음은 모두 낮게 발음하는 경우이며, 1음절에도 볼 수 있다.

카루타(カルタ)

카루타는 카드(card)라는 뜻의 포르투칼어의 카르타(carta)에서 따온 이름이다. 일본에서 만든 화투(花札 : はなふだ)를 하나 카루타(はなカルタ)라고도 한다.

아이들에게 히라가나를 가르치기 위해 만든 계몽용 글자의 낱말카드도 카루타라고 하며, 아이들끼리 가족끼리 놀이를 하는데 글귀를 읽어주면 맞는 카드를 찾아내어 많이 가진 사람이 이긴다. 이 글귀를 읽어 주는 사람을 요미테(読み手)라고 한다.

또 쿄기카루타(競技カルタ)가 있는데 13세기에 와서 후지와라노사다이에(藤原定家)가 7세기 이후 대표적 와카(和歌)를 100명의 시인(歌人 : かじん)들에서 1수씩 뽑아 모은 오구라햐쿠닌잇슈(小倉百人一首)가 있는데, 이 와카의 윗구(上の句 : かみのく, 5,7,5조), 아랫구(下の句 : しものく, 7,7조)를 각기 다른 카드에 적고 요미테가 상구의 에후다(絵札)를 읽으면 늘어놓은 하구의 지후다(字札)를 찾는 놀이이다.

이 놀이는 가정에서 뿐만 아니라 학교에서는 반대항으로, 지역·직장에서도 경기대회가 있고, 전국카루타대회에서 가장 성적이 우수한 자를 선정 카루타의 명인을 뽑기도 한다.

第2部

基本日本語와 対話

에마(絵馬 : えま)

말 그대로 그림말이다. 일본인이 소원을 발원할 때 절이나 신사(神社)로 찾아가 사례물인 말 대신에 그림말의 액자를 사서 경내에 걸어 둔 것이다.

원래 에마는 농가에서 사육하는 소나 말의 안전을 위해 신사나 절에 가서 기원하였던 데서 유래된 것이다.

오미쿠지(御神籤 : おみくじ)

쿠지(くじ)는 「제비」나 「추첨」을 뜻한다. 여기에 오미(おみ)라는 존경·공손을 나타내는 접두사가 붙었다. 신의 뜻(神意)에 의하여 사람의 운세와 길흉을 점치는 제비종이를 뽑아서 신사 앞 마당의 나무가지나 늘어뜨린 줄에 매달아 묶어 놓기도 한다.

TIP(팁: チップ) 수업일본어

1. はじめましょう。　시작합시다.
2. しゅっせきを とります。　출석을 부릅니다.
3. こたえてください。　대답하세요. 대답해주세요.
4. きいてください。　들으세요. 들어주세요.
5. ほんを ひらいてください。　책을 펴세요. 책을 펴주세요.
6. よんでください。　읽으세요. 읽어주세요.
7. かいてください。　쓰세요. 써주세요
8. おぼえてください。　외워주세요. 기억해두세요.
9. はっきり いってください。　분명히 말해주세요.
10. れんしゅうしてください。　연습하세요. 연습해주세요.
11. わかりましたか。　알겠습니까?
12. はい、わかりました。　네, 알겠습니다.
13. いいえ、わかりません。　아니요, 모르겠습니다.
14. しつもんは ありませんか。　질문은 없습니까?
15. はい、ありません。　네, 없습니다.
16. いいえ、あります。　아니오, 있습니다.
17. もう できましたか。　이제 됐습니까?
18. はい、できました。　네, 됐습니다.
19. いいえ、まだです。　아니요, 아직입니다.
20. にほんごで(は) なんですか。　일본어로(는) 무엇입니까?

21. きょうは、ここまで。 오늘은 여기까지.

22. おわりましょう。 마칩시다.

23. ありがとうございました。 수고하셨습니다.(선생님께)

24. おつかれさまでした。 수고하셨습니다.(학생끼리)

語句解説

1. はじめましょう。(하지메마쇼오)

•「はじめ」는「처음・시작」의 뜻이다. 여기에 조동사「ます」(합니다)의 미연형 • ましょ+추측의 조동사 う의 복합어로 되어 권유형「~합시다」가 되었다. •「ましょう」에서「마쇼우」는 장음 때처럼「마쇼오」로 발음한다.

2. しゅっせきを とります。(슛세키오 토리마스)

•「しゅっせき」는「출석」이며, 조사「~を」는「~을/를」이며, •「とり」는「とる」(세다・헤아리다)의 연용형「とり」에 조동사 •「ます」(합니다)로「とります」는「부릅니다(부르겠습니다). 호명합니다」이다.

3. こたえてください。(코타에테쿠다사이)

•「こたえて」는「こたえる」(대답하다) 연용형에 접속조사「て」(~해서・~하고)가 결합한 형태에 •「ください」는「くださる」(주시다)의 명령형으로「~てください」(~해 주십시오)가 되었다.

4. きいてください。(키이테쿠다사이)

•「きいて」는「きく」(듣다)의 연용형에 접속조사「て」(해서・~하고)가 결합한 형태에「ください」가 붙었다.

5. ほんを ひらいてください。(홍오 히라이테쿠다사이)

•「ほん」은「책」이며,「ひらいて」는 동사「ひらく」(열다・펴다)의 연용형에「~てください」가 붙었다.

6. よんでください。(욘데쿠다사이)

•「よんで」는「よむ」(읽다)의 연용형이며, 이때 ん발음편형으로 て가 で로 탁음화하였고,「ください」가 붙었다.

7. かいてください。(카이테쿠다사이)

•「かいて」는「かく」(쓰다)의 연용형이고, 여기에「ください」가 붙었다.

8. おぼえてください。(오보에테쿠다사이)

•「おぼえ」는「おほえる」(기억하다 · 익히다)의 연용형이고, 여기에 てくださいが 붙었다.「이것만은 외워주세요」할 때「이것만은」은「これだけは」를 앞에 붙이면 된다. おぼえる 대신 あんき(暗記)する(암기하다 · 외다)를 쓰게 되면「あんきしてください」로 대치할 수 있다.

9. はっきり いってください。(핫키리 잇테쿠다사이)

•「はっきり」는 부사로「분명히 · 똑똑히」의 뜻이고,「いって」는「いう」(말하다 · 이야기하다)의 연용형이고, 여기에 くださいが 붙었다.

10. れんしゅうしてください。(렌슈우시테쿠다사이)

•「れんしゅうし」는「れんしゅうする」(연습하다)의 연용형이고, 여기에 てくださいが 붙었다.

11. わかりましたか。(와카리마시타카)

•「わかり」는「わかる」(알다 · 이해할 수 있다)의 연용형이고, 여기에 •ますの 과거형 ましたに •「か」라는 종조사인 의문 · 질문 · 반문 · 영탄 등에 쓰이는 조사가 붙었다.

12. はい、わかりました。(하이, 와카리마시타)

•「はい」(예 · 자)는 대답하는 소리로 긍정 · 승낙 · 촉구를 나타내며, 여기에 わかりました(알았습니다)가 붙었다.

13. いいえ、わかりません。(이이에, 와카리마셍)

•「いいえ」는 부정을 나타내어「아니 · 아니오 · 아아뇨」의 뜻이다. •わかりません의 연어 •「ません」은 조동사「ます」의 부정어이다.

14. しつもんは ありませんか。(시츠몬와 아리마셍카)

•「しつもん」은「질문」•「~は(~은/는)」는 조사로 발음은 하(は)가 아니라 와(わ)이다. •「ありませんか」의「あり」는「あ(有)る」(있다)의 연용형이고, 부정의문사로 쓰여「ませんか」가 되었다.

15. はい、ありません。(하이, 아리마셍)

•「はい、ありません」은 위의 설명을 참조하면 된다.

16. いいえ、あります。(이이에, 아리마스)

•「はい」(예), •「いいえ」(아니오)의 대답은 질문자의「있습니까」「없습니까」로 질문형식에 따라 판단한다. •질문자가「ありますか」로 물을 때 알거나 이해되었다면「はい、あります。」로, 모르거나 이해되지 않았다면「いいえ、ありません。」으로 대답한다.

17. もう、できましたか。(모우, 데키마시타카)

•「もう」는 부사로「이미 · 이제 · 벌써」의 뜻이며, •「できましたか」의「でき」는

「できる」(된다・가능하다)의 연용형에 ましたか(~했/었습니까)가 붙었다.

18. はい、できました。(하이, 데키마시타)

●위의 설명을 참고하면 된다.

19. いいえ、まだです。(이이에, 마다데스)

●「まだ」는 부사로「아직(도)・지금까지도」의 뜻이며, ●「~です」는 조동사「~だ」(이다)의 공손한 말씨로「~입니다」의 뜻이다.

20. にほんごで(は) なんですか。(니홍고데(와) 난데스카)

●「にほんご」는「일본어」이며, ●「で(は)」의「~で」는「~(으)로」의 뜻이며,「~ては」는「으로는」의 뜻이 된다. ●「なんですか」의「なん」은 'なに'의 음편형(音便形)으로 '무엇을 알 수 없는 사물'을 가리킨다. ●「~ですか」는「~です」의 의문형이다.

21. きょうは、ここまで。(쿄오와 코코마데)

●「きょう」는「오늘」이며,「ここ」는 대명사로「여기・이쯤」이며,「まで」는 부조사로 때의 흐름・공간적 이동・상태 따위에서「~까지」를 뜻한다.

22. おわりましょう。(오와리마쇼오)

●「おわり」는「おわる」(끝나다・마치다)의 연용형이며, 권유형 ●「ましょう」를 붙인 것이다.

23. ありがとうございました。(아리가토오고자이마시타)

●「ありがとう」는 감탄사로「고맙다」의 뜻이며, 원꼴은 형용사「ありがたい」(감사하다・고맙다)이며, 음편형으로 되었고 ●「ございます」는 정중어「ござる」(있나이다)의 과거형「~ました」가 붙어「감사했습니다」, 곧「수고했습니다」가 되었다.

24. おつかれさまでした。(오츠카레사마데시타)

●「おつかれさま」는 일 따위에 위로의 인사말로「수고하십니다」이며, ●「つかれ」는「つかれる」(지치다・피로해지다)의 연용형이며, 여기에「~です」의 과거형「でした」(~하셨습니다)가 붙었다.

TIP(팁: チップ) 일상 인사말

1. おはようございます。	안녕하세요.(아침인사)
2. こんにちは。	안녕하세요.(낮인사)
3. こんばんは。	안녕하세요.(밤인사)
4. おやすみなさい。	안녕히 주무세요.
5. さようなら。	안녕히 계세요. 안녕히 가세요.
6. じゃ、また。	그럼, 또 (만납시다).
7. おひさしぶりですね。	오래간만이군요.
8. おげんきですか。	건강(안녕)하십니까.
9. はい、おかげさまで。	예, 덕분에.
10. いかがですか。	어떻습니까?
11. おかわり ありませんか。	별고 없으십니까?
12. おめでとうございます。	축하합니다.
13. ありがとうございます。	감사합니다.
14. どういたしまして。	천만의 말씀입니다.
15. すみません。	미안합니다. 죄송합니다.
16. しつれいします。	실례합니다. 실례하겠습니다.
17. とんでも ありません。	천만의 말씀입니다.
18. だいじょうぶです。	괜찮습니다.
19. どうぞ。	~하세요.(권유할 때)

20. いただきます。 잘 먹겠습니다.

21. ごちそうさまでした。 잘 먹었습니다.

22. いってきます/いってまいります。 다녀오겠습니다.

23. いっていらっしゃい。 다녀오세요.

24. ただいま。 다녀왔습니다.

25. おかえりなさい。 다녀오셨습니까.

26. いらっしゃいませ。 어서 오십시오.

27. ようこそ。 잘 오셨습니다.

28. また きてください。 또 오세요.

29. また あいましょう。 또 만납시다.

30. よろしく おねがいします。 잘부탁합니다.

語句解説

1. おはようございます。(오하요오고자이마스)

•「おはよう」의「お」는 존경·공손의 기분을 나타내는 접두어이다. •「はよう」는 기본형「はやい」(이르다)에서 온 형용사음편형이며, • あかい(붉다)→あこう, はやい(이르다)→はよう, よい(좋다)→よう처럼 변하는 것을「형용사음편형」이라 한다. •「ございます」는 정중어「ござる」(있나이다)가 원형이고,「ある」(있다)의 높임말이다. •「ます」는 조동사로「~합니다·~습니다」이다.

2. こんにちは。(콘니치와)

•「こんにちは」는「안녕하십니까」로 낮인사말이다.「こんにち」는「금일·오늘」로 한문투이다. •「~は(わ로 발음)」(은/는)로 끝났으나「어떻습니까·좋습니까」따위 뒷말이 생략된 인사말로 관용화되었다.

3. こんばんは。(콘방와)

•「こんばん」은「오늘저녁」이다. 위와 같은 관용화된 인사말이다.

4. おやすみなさい。(오야스미나사이)

●「おやすみ」는「やすむ」(쉬다)의 연용형이며,「お」가 붙어서「쉬시다・주무시다」의 뜻이 되었다. ●「なさい」는「~해요・~하시오」의 뜻으로「する」(하다)의 존경어「なさる」(하시다)의 명령형이다.

5. さようなら。(사요오나라)

●「さようなら」의「さよう」는 부사로「그렇게・그처럼」의 뜻이다.「なら」는「그러면・그렇다면(それなら)」의 구어체이지만, 여기서는 조동사로「~이면・~같으면」뜻의 두 말이 결합되어「그러면(헤어집시다)」의 뜻으로 보내는 쪽에는「안녕히 가십시오」, 떠나는 쪽에서는「안녕히 계십시오」의 뜻이 된다.

6. じゃ、また。(쟈, 마타)

●「じゃ」는 접속사로「그럼」의 뜻이며 では(그럼)가 전와되었다. ●「また」는「또 다시」의 뜻이며「만납시다」가 생략되었다.

7. おひさしぶりですね。(오히사시부리데스네)

●「ひさしぶり」는「오래간만」이며, 친한 친구 사이에는 존경접두어「お」 대신「やあ」(여)를 쓰면 된다. ●「~ですね」의「~ね」는「~로군・~군요」의 뜻으로 친밀감・가벼운 감동・상대방의 동의・다짐 등에 쓰인다.

8. おげんきですか。(오겡키데스카)

●「げんき」는「원기・기력」의 뜻으로 건강한 모양을 뜻한다.「お」가 붙어 안부를 묻는 표현이다.

9. はい、おかげさまで。(하이, 오카게사마데)

●「おかげ」는「덕택・은혜・탓」이며, ●「さま」는「모양・모습」을 나타내지만, 여기서는 접미어로 존경・공손을 나타낸다. 여기에 ●「おかげ」를 부연해서 더욱 공손함을 나타낸 인사말이다.

10. いかがですか。(이카가데스카)

●「いかが」는「어떻습니까」이며, 뒤의「ですか(입니까)」가 붙어「어떻습니까?」가 되었다.

11. おかわり ありませんか。(오카와리 아리마셍카)

●「かわり」는「별고・이상」의 뜻이며, 여기에 ありませんか가 붙여졌다.

12. おめでとうございます。(오메데토오고자이마스)

●「おめでとう」는「축하합니다」의 뜻으로 경사・신년 등을 축하하는 말로 여기에「ございます」(있습니다)로 더욱 공손함을 나타내었다.

13. ありがとうございます。(아리가토오고자이마스)

●「ありがとうございます」는「감사합니다」 뜻이며, 여기에 ●「ます」를 과거형「ました」로 고치면「수고하셨습니다」의 뜻이 된다.

14. どういたしまして。(도오이타시마시테)

•「どういたしまして」는 연어로「천만의 말씀(입니다)」의 뜻이다. 여기에서「どう」는「어떻게」이며, •「いたし」의 いたす는「する(하다)」의 겸사말이며, •「まして」는「ます」의 과거형에 종조사 •て가 붙여진 것이다.

15. すみません。(스미마셍)

•「すみ」는 동사「すむ」(변명이 되다)의 연용형이며, •「ません」의 부정형은「すまない」(미안하다)의 공손한 말씨의「すみません」은 상황에 따라「고맙습니다・부탁합니다」의 뜻이 되기도 한다.

16. しつれいします。(시츠레이시마스)

•「しつれい」는「실례」이며, •「します」는「합니다」이다. 실례의 예로서 '① 남의 앞을 지날 때 ② 음식물・물건을 집어들 때 ③ 무언가 묻거나 반대할 때 ④ 동석에서 먼저 일어날 때' 등의 상황에 쓴다.

17. とんでも ありません。(톤데모아리마셍)

•「とんでもない」는 형용사로「당치도 않다・천만에(요)」이며, 여기에 •「ない」대신에 공손표현「ありません」이 붙어「당치도 않습니다」로 된 것이다.

18. たいじょうぶです。(다이죠오부데스)

•「たいじょうぶ」는「대장부」라는 뜻이며, ～です가 붙어「대장부입니다」가 되어「걱정없습니다・괜찮습니다」가 된 것이다.

19. どうぞ。(도오죠)

•「どうぞ」는 상대방에게 무엇을 권유하거나 부탁하는 기분을 나타내는 표현이며,「부디・아무쪼록」의 뜻으로「～하세요・하십시오」가 된다. 이때 종조사 •「ぞ」는 다짐・주장을 나타낸다.

20. いただきます。(이타다키마스)

•「いただき」는「いただく」, 즉「たべる(먹다)」・「のむ(마시다)」의 공손한 말씨의 연용형이다. 여기에 ます가 붙어「잘 먹겠습니다」의 뜻이 된 것이다.

21. ごちそうさまでした。(고치소오사마데시타)

•「ごちそう」는「접대받음・진수성찬」을 뜻하며, •さま가 붙어 존경・공손을 나타내어「잘먹었습니다」의 인사말이 되었다.

22. いってきます。(잇테키마스)

•「いって」는「いく」(가다)의 연용형으로 て가 붙어「가서」이고, •「きます」는「くる」(오다)의 연용형에 ます가 붙어「왔습니다」가 복합되어「다녀오겠습니다」가 되었다.

23. いっていらっしゃい。(잇테이랏샤이)

•「いって」는 위와 같이「いく」(가다)의 연용형으로 て가 붙어「가서」, •「いらっしゃい」는「いらっしゃる」의 명령형으로 くる(오다)・いく(가다)의 공대말로「다녀

오세요」가 된 것이다.

24. ただいま。(타다이마)

●「ただいま」는 「지금・이제 막」의 뜻이다. 이것이 출타에서 집에 돌아왔을 때 인사말이 된 것이다. 그러나 이것은 뒤에 「かえりました」(돌아왔습니다)가 줄어진 말이다.

25. おかえりなさい。(오카에리나사이)

●「かえり」는 「かえる」(돌아가다)의 연용형이고, ●「なさい」는 「~해요・~하시오」의 뜻으로 「する」(하다)의 존경어 「なさる」(하시다)의 명령형이다.

26. いらっしゃいませ。(이랏샤이마세)

●「いらっしゃい」는 「어서오십시오」의 뜻이다. 「いらっしゃい」는 「く(来)る」(오다)・「い(行)く」(가다), 또는 「いる」(있다)의 공대말인 「いらっしゃる」의 명령형이다. 여기서 ●「ませ」는 조동사 「ます」(~합니다・~입니다)의 명령형이다. 25의 문장인 「おかえりなさい」+「ませ」로 표현하면 더욱 정중한 표현이 된다.

27. ようこそ。(요오코소)

●「ようこそ」는 상대방의 방문을 환영할 때 쓰는 「잘 오셨습니다」의 뜻이다. 이때 「よう」는 「よく」의 음편이며, 원형은 「よい」(괜찮다・좋다)이다. ●「こそ」는 「~야말로・~만은」의 뜻인 계조사로 강조를 나타낸다. 여기에 「한국에」라는 「かんこくへ」를 앞에 붙이면 더욱 친근한 인사가 된다.

28. また きてください。(마타 키테쿠다사이)

●「また」는 부사일 때 「(또) 다시」이다. 「まだ(마다)」(아직)과 구별해야 한다. ●「きて」는 か행변격동사 「くる」(오다)의 연용형 「き」에 접속조사 「て」의 「~(해)서・~(하)고」가 붙여져 ください(주세요)에 연결되었다.

29. また あいましょう。(마타 아이마쇼오)

●「また」는 위와 같다. ●「あいましょう」의 ●「あい」는 「あう」(만나다)의 연용형이 며, 권유형 ●「ましょう」(합시다)에 연결되어 「또 만납시다」의 뜻이 된다. 「또 봅시다」라고 할 때는 「보다」는 동사 「みる」의 연용형 み(상1단 동사 경우는 る를 떼어버림)에 ましょう를 붙이면 된다. 「또 합시다」라고 할 때 하다(する) 동사의 연용형 「し」에 ましょう를 붙이면 된다. 물론 앞에 また를 붙인다.

30. よろしく おねがいします。(요로시쿠 오네가이시마스)

●「よろしく」는 부사로 「적당히・적절히・잘(좋도록)」의 뜻이다. 이는 형용사(よろしい)의 연용형이며, 또 「よい」(좋다)의 격식차린 말씨(공손한)이다. ●「おねがいします」는 「ねがう」(원하다)의 연용형인 「ねがい」에 접두사 「お」와 「します」가 붙여서 「부탁합니다」라는 뜻이 된다.

日本의 地理的 現況

아시아 대륙의 동북쪽에 자리잡고 있는 일본은 북동남으로 길게 뻗은 마치 태평양을 향해 활을 당기는 모양의 섬나라이다. 북쪽의 北海道(ほっかいどう)를 비롯하여, 本州(ほんしゅう), 四国(しこく), 九州(きゅうしゅう)의 4개의 본 섬 외에 6800여개의 부속도서로 이루어져 있다.

① 한국을 「조용한 아침의 나라」라고 하듯이, 日本은 「해뜨는 나라」라고 부른다. 일본을 상징하는 닛쇼키(にっしょうき: 日章旗)는 흰 바탕에 붉은 원(まる: 丸) 모양을 하고 있다. 그리고 일본을 상징하는 꽃으로 벚꽃(桜: さくら)과 국화(菊: きく)가 있다.

② 면적은 약 378,000㎢(세계 61위)로 한반도의 1,7배, 미국의 1/25 정도의 크기이지만 해안선은 미국의 70%에 이른다.

③ 인구는 약 1억 2천 8백만명 정도로 세계 제10위이다.

④ 지형은 국토의 70%가 山地인데 일본의 상징인 혼슈(本州) 중부의 후지산(富士山)이 해발 3,776m로 일본에서 제일 높은 산이며, 니가타현(新潟県)의 시나노(信濃)강이 367㎞로 일본에서 가장 긴 강이다.

⑤ 일본열도를 살펴보면 난세이(南西)제도인 오키나와제도(沖縄諸島)의 최남단 섬인 하테루마(波照間)섬이 북위 24°선에 놓여 있는데, 이것은 대만의 타이페이(台北)시보다 훨씬 남하지점에 있으며, 최북단인 홋가이도(北海道)의 소야마사키(宗谷岬)는 북위 45°선으로 총 위도 길이 21.5°에 걸쳐 있다. 위도상으로 보면 33~43°인 한반도의 두 배 길이가 넘는다. 더 정확히 말하면 일본 최북단은 에토로후시마(択捉島)로 북위 45°33′이고, 최남단은 오키노토리시마(沖ノ鳥島)로 북위 20°25′이며, 최동단은 미나미토리시마(南鳥島)로 동경 153°59′이고, 최서단은 요나구니시마(与那国島)로 동경 122°56′이다.

⑥ 기후는 사계절의 구분이 확실하지만 여름은 고온다습하고, 장마(つゆ: 梅雨)와 태풍(たいふう: 台風)이 많고, 겨울은 몬순(モンスーン)계절풍으로 눈이 많이 내린다. 남북으로 길게 뻗은 좁다란 나라이기 때문에 북쪽의 홋카이도가 겨울은 춥지만 여름은 별로 덥지 않고, 반대로 남쪽의 큐슈는 겨울이라도 별로 춥지 않다.

⑦ 행정구역은 1도(東京都), 1도(北海道), 2부(大阪府, 京都府)와 43개의 현(県)으로 이루어져 있다.

◎日本地図(にほんちず)：일본지도

■海洋(かいよう)

1 瀬戸内海(せとないかい)
2 日本海(にほんかい). 東海(동해)
3 太平洋(たいへいよう)
4 オホーツク海(かい)

■都市(とし)

Ⓐ 札幌(さっぽろ)
Ⓑ 仙台(せんだい)
Ⓒ 東京(とうきょう)
Ⓓ 横浜(よこはま)
Ⓔ 名古屋(なごや)
Ⓕ 京都(きょうと)
Ⓖ 大阪(おおさか)
Ⓗ 神戸(こうべ)
Ⓘ 広島(ひろしま)
Ⓙ 福岡(ふくおか)

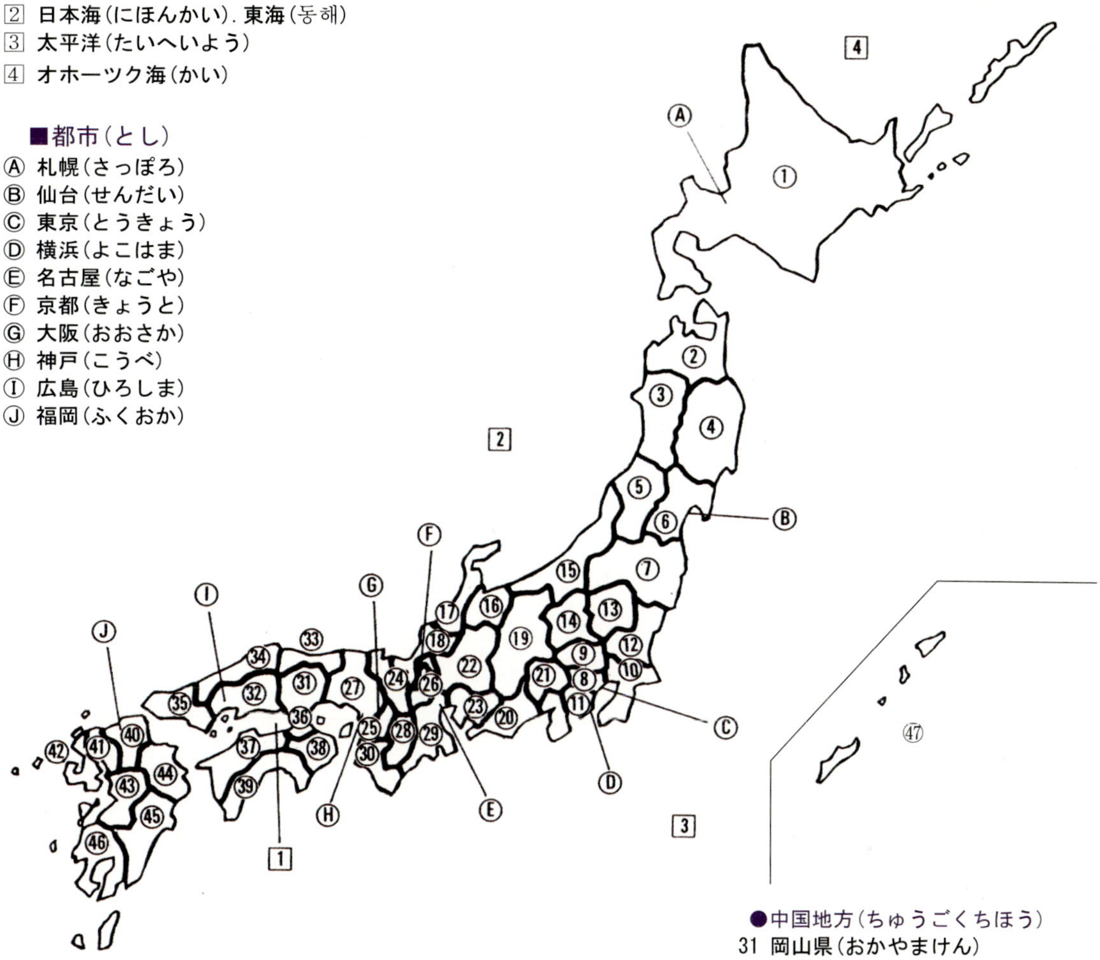

●北海道地方(ほっかいどうちほう)
1 北海道(ほっかいどう)

●東北地方(とうほくちほう)
2 青森県(あおもりけん)
3 秋田県(あきたけん)
4 岩手県(いわてけん)
5 山形県(やまがたけん)
6 宮城県(みやぎけん)
7 福島県(ふくしまけん)

●関東地方(かんとうちほう)
8 東京都(とうきょうと)
9 埼玉県(さいたまけん)
10 千葉県(ちばけん)
11 神奈川県(かながわけん)
12 茨城県(いばらぎけん)
13 栃木県(とちぎけん)
14 群馬県(ぐんまけん)

●中部地方(ちゅうぶちほう)
15 新潟県(にいがたけん)
16 富山県(とやまけん)
17 石川県(いしかわけん)
18 福井県(ふくいけん)
19 長野県(ながのけん)
20 静岡県(しずおかけん)
21 山梨県(やまなしけん)
22 岐阜県(ぎふけん)
23 愛知県(あいちけん)

●近畿地方(きんきちほう)
24 京都府(きょうとふ)
25 大阪府(おおさかふ)
26 滋賀県(しがけん)
27 兵庫県(ひょうごけん)
28 奈良県(ならけん)
29 三重県(みえけん)
30 和歌山県(わかやまけん)

●中国地方(ちゅうごくちほう)
31 岡山県(おかやまけん)
32 広島県(ひろしまけん)
33 鳥取県(とっとりけん)
34 島根県(しまねけん)
35 山口県(やまぐちけん)

●四国地方(しこくちほう)
36 香川県(かがわけん)
37 愛媛県(えひめけん)
38 徳島県(とくしまけん)
39 高知県(こうちけん)

●九州地方(きゅうしゅうちほう)
40 福岡県(ふくおかけん)
41 佐賀県(さがけん)
42 長崎県(ながさきけん)
43 熊本県(くまもとけん)
44 大分県(おおいたけん)
45 宮崎県(みやざきけん)
46 鹿児島県(かごしまけん)

●沖縄地方(おきなわちほう)
47 沖縄県(おきなわけん)

쉬어가기

아래 표 안의 인사말을 찾아 줄을 그으세요(가로(6) · 세로(6) · 사선(1)=13개).

あ	お	は	よ	う	ご	ざ	い	ま	す
り	い	え	も	た	い	ん	し	か	み
が	た	だ	い	ま	た	て	つ	じ	ま
と	さ	い	て	ば	だ	な	れ	や	す
う	ま	よ	ど	き	き	こ	い	ま	ね
ご	ち	そ	う	さ	ま	で	し	た	こ
ざ	ぬ	ひ	ぞ	な	す	す	ま	の	ん
い	た	い	つ	て	ら	つ	す	に	ば
ま	い	っ	て	ら	っ	し	ゃ	い	ん
す	み	ま	せ	ん	こ	ん	に	ち	は

듣기연습(聞き取り練習: ききとりれんしゅう)

선생님이 말하시는 인사말을 듣고 그 뜻을 쓰세요.

(1) ______________________________

(2) ______________________________

(3) ______________________________

(4) ______________________________

(5) ______________________________

第1講 자기소개(自己紹介)

< 학습 포인트 >

(1) 일본인의 성씨

(2) 이름을 소개할 때 필요한 표현들

(3) 이쪽, 그쪽, 저쪽, 어느 쪽

はじめまして。

佐藤(さとう) : はじめまして。わたしは佐藤です。
どうぞよろしくお願(ねが)いします。

鈴木(すずき) : 鈴木です。こちらこそ、どうぞよろしく。

佐藤(さとう) : 鈴木さん、こちらは高橋さんです。

高橋(たかはし): 高橋です。どうぞよろしくお願いします。

사토 : 처음 뵙겠습니다. 저는 사토입니다.
(아무쪼록) 잘 부탁드립니다.

스즈키 : 스즈키입니다. 저야말로 잘 부탁합니다.

사토 : 스즈키 씨, 이쪽은 타카하시 씨입니다.

타카하시: 타카하시입니다. 잘 부탁드립니다.

TIP(팁: チップ)

(1) 사토와 사또

일본사람의 성씨인「佐藤(さとう)」는 '사또'라고 쓸 수 있으나, '사또'로 발음하면 일본사람한테는「さっと : 삿토」처럼 들리기 때문에 이 교재에서는 '사토'로 표기하기로 했다.

佐藤(さとう)는 일본에서 가장 많은 사람의 성씨 제1위이며, 제2위가 관동지방에 많이 있는 鈴木(すずき)이고, 제3위가 高僑(たかはし)이다.

참고로 10위까지를 살펴보면, 제4위가 田中(たなか)이고, 제5위가 渡辺(わたなべ)이며, 제6위가 伊藤(いとう)이고, 제7위가 山本(やまもと)이며, 제8위가 中村(なかむら)이며, 제9위가 小林(こばやし)이고, 제10위가 斎藤(さいとう)이다.

(2) 접미사 ～さん

～さん은 '～씨'로 쓰일 뿐만 아니라 '～님', '～선생'으로 해석된다.

山田(やまだ)さん : 야마다씨

むすこさん : 아드님

동화같은 데서 의인화하여 말하는 경우에도 쓴다.

お猿(さる)さん : 원숭이(님)

お月(つき)さん : 달님, お月様(つきさま)라고도 한다.

～さん

(3) 방향(方向)을 나타내는 지시대명사(指示代名詞)

이쪽	그쪽	저쪽	어느 쪽
こちら	そちら	あちら	どちら

대화연습(対話練習: たいわれんしゅう)

(1) 다음과 같이 밑줄 친 부분의 말을 바꿔서 A, B가 자기소개를 하세요.

A : はじめまして。わたしは佐藤(さとう)です。

B : どうぞよろしくお願(ねが)いします。

A : 처음 뵙겠습니다. 저는 사토입니다.

B : (아무쪼록) 잘 부탁드립니다.

A : ____________________

B : ____________________

(2) 다음과 같이 밑줄 친 부분의 말을 바꿔서 친구를 소개하세요.

A : 鈴木(すずき)さん、こちらは高橋(たかはし)さんです。

B : どうぞよろしくお願(ねが)いします。

A : 스즈키 씨, 이쪽은 타카하시 씨입니다.

B : 잘 부탁드립니다.

A : ____________________

B : ____________________

듣기연습(聞き取り練習: ききとりれんしゅう)

선생님의 말을 듣고 (　) 안에 들어가는 말을 일본어로 쓰세요.

1. 佐藤 : (　　　　　　　　)。わたしは佐藤です。どうぞよろしく。
2. 鈴木 : 鈴木です。(　　　　　　　　)、どうぞよろしく。
3. 佐藤 : 鈴木さん、(　　　　　　)は高橋さんです。
4. 高橋 : 高橋です。どうぞよろしく(　　　　　　　　)。

일본인의 성씨

일본인의 성은 그 종류가 너무 많아서 같은 성씨(みょうじ: 名字)를 가진 사람을 회합장소에서조차 만나기 어렵다. 그것은 성의 종류가 약 20만 가지를 헤아리기 때문이다. 그러면 일본인은 왜 이렇게 성이 많은가? 그 이유는 메이지(めいじ: 明治)정부 이전에 평민들에게는 성씨(姓氏)가 없었기 때문이다.

265년간 지속되었던 도쿠가와(德川)의 에도막부(えどばくふ: 江戸幕府)가 붕괴되고, 메이지 유신의 정치개혁이 성공되므로, 메이지천황(めいじてんのう: 明治天皇)시대(1868-1912)가 개막되었다. 그리고 1870년(메이지 3년)에「국민은 누구든지 성씨를 가지지 않으면 안된다」는 성씨법 제정을 공표하면서 비로소 성씨를 정하여 쓰게 되었다.

에도시대(えどじだい: 江戸時代, 1603. 3. 24~1868. 5. 3)에 성씨를 가지고 있었던 귀족・무사・유력자들도 닌베츠쵸우(にんべつちょう: 人別帳:호적대장)를 보아도 성씨와 이름이 다 기록된 자는 많지 않았다.

성씨의 성립은 예를 들어 타케오(たけお: 武雄)라는 사람이 산 밑의 논(やまだ: 山田) 옆에 살았다면 메이지 8년인 1875년에 이르러서 이름 앞에 붙여진 장소가 성이 되어「やまだ たけお」로 「성씨+이름」이 되었다고 한다.

그래서 못이 있는 논옆에 살던 사람은 이케다(いけだ: 池田), 산 입구에 살았던 사람은 야마구치(やまぐち: 山口)와 같은 성씨가 만들어지다보니 성씨가 많을 수 밖에 없었다. 그래서 귀족의 후손이 아니면 일본인에게 조상이 누구냐고 물으면 확인이 잘 안된다. 일본국민에게 성씨법을 공표한 메이지(明治) 천황(天皇) 자신은 성씨(姓氏)가 없다. 천황은 호적이 없기 때문이며, 황통보(皇統譜)에 따로 관리하고 있다.

성씨와 이름의 읽는 방법도 몇 가지나 되어 일본의 이력서 난에는 한자 위에 후리가나(ふりがな: 振り仮名)를 쓰도록 하고 있다.

예를 들면 성씨의「あもう」는 '天羽'와 '天生' 등으로 부르고,「映子」라는 이름에도 'えいこ'와 'ひでこ' 등으로 부르고 있다.

第2講 '네, 아니요'로 대답하기

< 학습 포인트 >

(1) ～은/는 ～입니까? 네, ～은/는 ～입니다.

(2) 아니요, ～은/～는 ～이/가 아닙니다.

(3) 그렇습니다. 아닙니다(그렇지 않습니다, 틀립니다).

(4) 여러 나라 이름

(5) 여러 직업 명칭

はい、そうです。

田中(たなか)　：あなたは、学生(がくせい)ですか。

渡辺(わたなべ)：はい、わたしは、学生です。

田中(たなか)　：あなたも学生ですか。

伊藤(いとう)　：いいえ、わたしは、学生ではありません。

　　　　　　　　先生(せんせい)です。

田中(たなか)　：あなたも先生ですか。

山本(やまもと)：はい、そうです。

田中(たなか)　：じゃ、あなたも先生？

中村(なかむら)：いいえ、ちがいます。わたしは、会社員(かいしゃいん)です。

そうです～

타나카 : 당신은 학생입니까?

와타나베: 네, 저는 학생입니다.

타나카 : 당신도 학생입니까?

이토 : 아니요, 저는 학생이 아닙니다. 선생님입니다.

타나카 : 당신도 선생님입니까?

야마모토: 네, 그렇습니다.

타나카 : 그럼, 당신도 선생님?

나카무라: 아니요, 아닙니다(틀립니다).
저는 회사원입니다.

TIP(팁: チップ)

(1) 상대방의 이름을 알고 있으면「あなた(당신)」를 쓰지말고「～さん(씨・～님)」처럼 이름으로 부르는 것이 좋다.

(2)「先生(せんせい)」
'선생'이 아니라 '선생님'이다.

(3) ～ではありません。(～이/가/은/는 아닙니다)
「～です」의 부정형이며,「～じゃありません」꼴로도 쓸 수 있다.

(4) あなたも(당신도)
～も(～도)는 조사로 동류 중에 하나를 나타내는데 쓴다.

(5) 違(ちが)います: 틀립니다.
「違(ちが)い」는 동사「ちがう」(다르다・틀리다)의 연용형이며, 여기에 조동사「ます」가 붙은 것이다.

대화연습(対話練習: たいわれんしゅう)

(1) 다음과 같이 밑줄 친 부분의 말을 바꿔서 질문과 대답을 하세요.

A : あなたは、学生(がくせい)ですか。

B : はい、わたしは、学生です。

いいえ、わたしは、学生ではありません。

A : 당신은 학생입니까?

B : 네, 저는 학생입니다.

아니요, 저는 학생이 아닙니다.

学生(がくせい)	: 학생	先生(せんせい)	: 선생님
中国人(ちゅうごくじん)	: 중국인	韓国人(かんこくじん)	: 한국인
日本人(にほんじん)	: 일본인	アメリカ人(じん)	: 미국인

(2) 다음과 같이 밑줄 친 부분의 말을 바꿔서 질문과 대답을 하세요.

A : あなたは、会社員(かいしゃいん)ですか。

B : はい、そうです。

いいえ、ちがいます。公務員(こうむいん)です。

A : 당신은 회사원입니까?

B : 네, 그렇습니다.

아니요, 아닙니다(틀립니다). 공무원입니다.

会社員(かいしゃいん) :회사원	公務員(こうむいん) :공무원
警察官(けいさつかん) :경찰관	主婦(しゅふ) :주부
歌手(かしゅ) :가수	医者(いしゃ) :의사
看護師(かんごし) :간호사	運転手(うんてんしゅ) :운전기사
美容師(びようし) :미용사	教師(きょうし) :교사

독해연습(読解練習: どっかいれんしゅう)

다음 대화문을 읽고 아래 질문에 일본어로 답을 쓰세요.

A：あなたは、公務員ですか。

B：はい、わたしは、公務員です。

A：あなたも公務員ですか。

C：いいえ、わたしは、会社員です。

A：あなたも会社員ですか。

D：はい、そうです。

A：じゃ、あなたも会社員？

E：いいえ、ちがいます。わたしは、医者です。

(1) Bさんは公務員ですか。

(2) Cさんも公務員ですか。

(3) Dさんは会社員ですか。

(4) Eさんも会社員ですか。

듣기연습(聞き取り練習: ききとりれんしゅう)

다음 단어를 먼저 히라가나로 [ ] 안에 쓴 다음, 선생님의 말을 듣고 그 단어가 맞으면 '○', 틀리면 '×' 표시를 ( ) 안에 쓰세요.

(1) 韓国人 [ ] ( )

(2) 中国人 [ ] ( )

(3) 先生 [ ] ( )

(4) 会社員 [ ] ( )

(5) 医者 [ ] ( )

(6) 美容師 [ ] ( )

맞장구(あいづち: 相槌)

あいづちを う(打)つ。
(맞장구치다)

ああ、そうですね。
(아아, 그렇군요.)

맞장구는 상대방의 말에 맞춰서 화답할 때 쓰는 "허~"라든가 "그래서요?" 등의 말이나, 고개를 끄덕이거나, "예, 예"하는 태도를 말한다. 이것은 한국인들도 그렇게 하고 있다.

「あいづち(相槌)」라는 말은 원래 대장간에서 달구운 금속을 두 사람이 서로 호흡을 맞춰서 츠치(つち: 槌)인 '쇠망치'로 치는 '맞메질'에서 온 말이다.

일본 사람들은 대화하는 사이에서 맞장구를 자주 치는 것으로 알려져 있는데, 이것은 두 사람의 대화를, 혹은 상대방의 이야기를 보다 원활하게 진행할 수 있도록 하는 수단이라고 할 수 있다.

그러기 위해서는 남의 이야기를 잘 듣는 사람이 되어야 한다. '잘 듣고 있으니 계속 말씀하세요'라는 마음을 전달하거나, "그래서요?" 따위 더 알고 싶다는 태도를 보여주거나 해서 말에 박차를 가하는 역할을 하게 된다. 또 잘 들어주는 것은 가장 좋은 대화태도이다. 이런 자세를 경청(敬聴: けいちょう)한다고 하는 것이다.

예컨대 전화통화 때도 한쪽이 말하는 내용이 긴 경우에 이쪽에서 숨을 죽이고 듣기만 하면, 말하는 쪽에서 자기 이야기를 듣고 있는 건지 아닌지 의구심이 생긴다. 이 때도 듣고 있다는 뜻으로 "네, 네" 하고 맞장구를 쳐주므로 말하는 것을 잘 듣고 있다는 뜻을 전하게 된다.

맞장구칠 때는 두 사람의 호흡을 잘 맞추는 것이 중요하기 때문에 지나치게 과장해서 쳐도 안되고, 치는 것이 소극적이어서도 안 된다.

일본의 TV·라디오방송 등에서 두 사람으로 이야기를 진행해 나가는 프로그램이 많이 있는데, 이와 같은 것을 참고로 해서 일본어대화를 연습해보는 것도 좋을 것이다.

第3講 가족소개(家族紹介)

< 학습 포인트 >

(1) 가족 명칭

(2) 사람을 세는 방법

(3) ～の :～의

こちらは、おとうさんですか。

小林(こばやし) : こちらは、お父(とう)さんですか。

斎藤(さいとう) : はい、父(ちち)です。

小林(こばやし) : 斎藤さんは、何人(なんにん)家族(かぞく)ですか。

斎藤(さいとう) : 私(わたし)の家族(かぞく)は、父(ちち)と母(はは)と兄(あに)がふたりと私の5人(ごにん)家族(かぞく)です。

코바야시: 이쪽은 아버님이십니까?

사이토 : 네, 아버지이십니다.

코바야시: 사이토 씨는 몇 명 가족입니까?

사이토 : 저의 가족은 아버지랑 어머니랑 형(오빠)이 둘이랑 저인 5 명 가족입니다.

TIP(팁: チップ)

(1) 일본어는 상대경어이다.

상대를 높이기 위해 상대방의 아버지는 높여서 おとうさん으로 쓴다. 이때 자기 아버지에게는 낮춘 말인「父(ちち)」를 쓴다. 단, 내가 직접 나의 아버지를 부를 때는 「お父(とう)さん」이라고 부른다.

⑵ 격조사(格助詞) 「～の」

명사와 명사 사이에 들어갈 때는 해석할 필요가 없는 경우와 '～의' '～인' '～에 있는' 등으로 해석된다.

대화연습(対話練習: たいわれんしゅう)

⑴ 각자의 가족을 그림에서 동그라미로 표시하고, 다음과 같이 밑줄 친 부분의 말을 바꿔서 질문과 대답을 하세요.

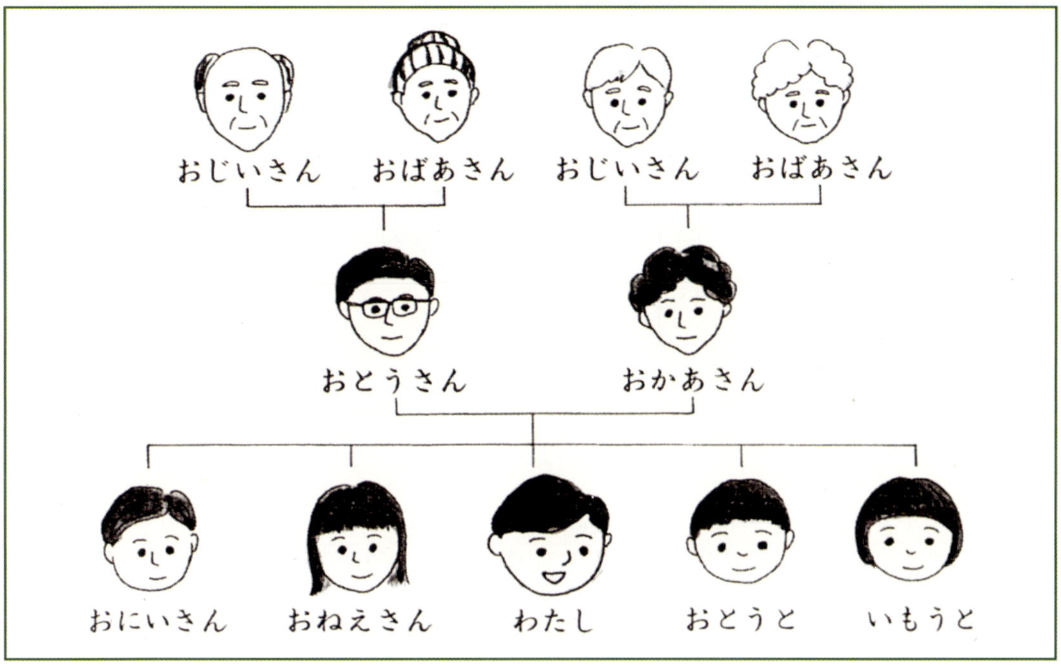

A：こちらは、お父(とう)さんですか。

B：はい、父(ちち)です。

いいえ、兄(あに)です。

A：이쪽은 아버님이십니까?

B：네, 아버지이십니다.

아니요, 형(오빠)입니다.

(2) 다음 밑줄 친 부분의 말을 바꿔서 서로 자기가족을 소개합시다.

私(わたし)の家族(かぞく)は、父(ちち)と母(はは)と兄(あに)がふたりと私の5人(ごにん)家族です。

저의 가족은 아버님이랑 어머님이랑 형(오빠)이 둘이랑 저인 5명 가족입니다.

___

___

나의 가족과 남의 가족의 호칭

나의 가족 호칭	~씨의 가족호칭	호칭
祖父(そふ)	お祖父(じい)さん	할아버지
祖母(そぼ)	お祖母(ばあ)さん	할머니
父(ちち)	お父(とう)さん	아버지
母(はは)	お母(かあ)さん	어머니
兄(あに)	お兄(にい)さん	형, 오빠
姉(あね)	お姉(ねえ)さん	누나, 언니
弟(おとうと)	弟(おとうと)さん	남동생
妹(いもうと)	妹(いもうと)さん	여동생
家族(かぞく)	御家族(ごかぞく)	가족
両親(りょうしん)	御両親(ごりょうしん)	양친
主人(しゅじん)	御主人(ごしゅじん)	남편
家内(かない)	奥(おく)さん	아내

인원수를 나타낼 때는 다음과 같다.

1명	2명	3명	4명	5명	6명	7명	8명	9명	10명
ひとり	ふたり	さんにん	よにん	ごにん	ろくにん	ななにん	はちにん	きゅうにん	じゅうにん

작문연습(作文練習: さくぶんれんしゅう)

다음 말을 일본어로 쓰세요.

(1) 그쪽은 어머님이십니까?

________________________________。

(2) 형(오빠)과/와 누나(언니)입니다.

________________________________。

(3) 여동생은 둘입니다.

________________________________。

(4) 당신은 몇 명 가족입니까?

________________________________。

듣기연습(聞き取り練習: ききとりれんしゅう)

(1) 예와 같이 선생님의 말을 듣고 아래 표 안에 ○, ×를 표시하고, 숫자를 쓰세요.

예) 私(わたし)はキムです。

私の家族(かぞく)は、父(ちち)と母(はは)と兄(あに)と妹(いもうと)と私の5人(ごにん)家族です。

	아버지	어머니	형, 오빠	누나, 언니	남동생	여동생	할아버지	할머니	가족수
김(キム)	○	○	○	×	×	○	×	×	5
이(イ,リ)									
박(パク)									
최(チェ)									
정(ジョン)									

※ '이'씨는「リ」로도 쓸 수 있다.

(2) 그리고 아래에 각자의 가족을 위의 예를 참고하여 적어본다.

キム：キムさんの家族はお父さんとお母さんとお兄さんと妹さんの5人家族です。

イ：____________________

パク：____________________

チェ：____________________

ジョン：____________________

신사와 신도

일본 어느 곳이든 마을마다 신사(じんじゃ: 神社)가 있고, 신사참배는 일본인들에게서 생활의 일부이다. 그것은 옛날 한국의 부락 수호신으로 받들었던 서낭신에게 마을의 안녕과 농사의 풍년 등을 기원하던 서낭당(성황당:城隍堂, 강원도)・당산(堂山, 경상도)과 같다.

신사는 일본 황실(皇室)의 조상이나 일본인의 고유 신앙대상의 신(神), 또는 국가에 공로가 막대한 사람을 신격화(神格化)하여 모신 사당(祠堂)이다. 이는 한국의 향교의 문묘(文廟)와 대가집 후원에 모신 사당과 같은 기능이다.

과거의 일・한 합병후 한국에서의 신사참배는 일본 황실인 천황폐하(てんのうへいか: 天皇陛下)에 대한 것이다. 신사에는 관리의 책임자인 신주(かんぬし: 神主)가 있다.

히라노(平野) 신사

미야지마(宮島)의 이츠쿠시마(厳島) 신사(1996년, 유네스코 세계문화유산)

원시적 신도(しんとう:神道)는 어떤 교의적(教義的) 전통에서 출발한 것이 아니라 원시공동체 사회에서 공동체의 안녕과 풍요를 기원하기 위한 제사의식에서 발전한 것으로 화산・산・나무・바위・폭포 등 자연물과 같은 것에 카미(かみ:神)가 존재한다고 믿었기 때문에 이것이 국민신앙이 되어 종교적 관습과 문화로 정착되었다. 이러한 일본 고유의 민족신앙이던 이 신사 중심의 토속신앙이 외래 종교인 불교와 유교의 영향을 받아 일본인들의 정신적 생활의 기반이 되어온 민족신앙인 신도(神道)로 성립되었고, 19세기 이후는 이것이 발전하여 텐리교(てんりきょう:天理教)를 비롯하여 13개 종파가 생기기에 이르렀다.

신사참배(おみやまいり: お宮參り)는 어린이가 출생해서 남아는 31일 째, 여아는 32일 째 부모들이 신사로 데리고 가서 고유(告由)하고 참배시킨다. 또 11월 15일인 시치고산(しちごさん: 七五三) 축일에 3세・5세 남아는 하카마(はかま: 袴:겉에 입는 주름잡힌 하의 정장)를 입히고, 3세・7세 여아에게는 키모노(着物)를 입혀서 부모와 함께 신사를 찾아가 무병장수를 기원한다.

매일 신사를 참배하는 사람도 있지만 일반인들은 정월 첫 참배인 하츠모데(はつもうで: 初詣)하기 위해 1월 7일까지의 설참배와 특별한 날이거나 결혼식을 올린 후에 남녀가 함께 찾아가 참배하고 행복한 일생을 기원하기도 한다.

아사쿠사(浅草) 신사

신사에서 결혼식

第4講 지시대명사 표현

< 학습 포인트 >

(1) 이것, 그것, 저것, 어느 것 : 지시대명사

(2) 이~, 그~, 저~, 어느~ : 지시대명사

(3) ~の :~의 것 : 준체사

(4) 주변에 있는 물건들

だれの ざっしですか。

加藤(かとう): これは何(なん)ですか。

吉田(よしだ): それは韓国(かんこく)の雑誌(ざっし)です。

加藤(かとう): 誰(だれ)の雑誌ですか。

吉田(よしだ): 弟(おとうと)のです。

加藤(かとう): あの雑誌も弟さんのですか。

吉田(よしだ): いいえ、あれは私(わたし)ので、それは弟のです。

카토 : 이것은 무엇입니까?

요시다: 그것은 한국의 잡지입니다.

카토 : 누구의 잡지입니까?

요시다: 남동생의 것입니다.

카토 : 저 잡지도 남동생의 것입니까?

요시다: 아니요, 저것은 나의 것이고, 그것은 남동생 것입니다.

TIP(팁: チップ)

(1) 사람 + の

「の」는 소유를 나타내며 '～의 것'이 된다. 체언과 같은 자격을 가졌다고 해서 준체격(準体格) 조사라고 한다.

(2) 명사 + で : '～이고'

(3) 지시대명사

これ : 이것	それ : 그것	あれ : 저것	どれ : 어느 것

(4) 연체사

この～ : 이～	その～ : 그～	あの～ : 저～	どの～ : 어느～

대화연습(対話練習: たいわれんしゅう)

(1) 다음과 같이 밑줄 친 부분의 말을 바꿔서 질문과 대답을 하세요.

A : これは何(なん)ですか。

B : それは韓国(かんこく)の雑誌(ざっし)です。

A : 이것은 무엇입니까?

B : 그것은 한국의 잡지입니다.

A : ______________________________

B : ______________________________

韓国(かんこく)の雑誌(ざっし) : 한국(의) 잡지

日本(にほん)の小説(しょうせつ) : 일본(의) 소설

中国(ちゅうごく)の辞書(じしょ) : 중국(의) 사전

英語(えいご)の教科書(きょうかしょ) : 영어(의) 교과서

⑵ 다음과 같이 밑줄 친 부분의 말을 바꿔서 질문과 대답을 하세요.

A：誰(だれ)の雑誌ですか。

B：弟(おとうと)のです。

A：누구의 잡지입니까?

B：남동생의 것입니다.

A：______________________________

B：______________________________

本(ほん)：책　鉛筆(えんぴつ)：연필　ノート：노트

ボールペン：볼펜　消(けし)ゴム：지우개　筆箱(ふでばこ)：필통

鞄(かばん)：가방　傘(かさ)：우산　弟(おとうと)：남동생

妹(いもうと)：여동생　彼(かれ)：그(사람)　彼女(かのじょ)：그녀

한자연습(漢字練習: かんじれんしゅう)

다음 말을 일본 한자로 쓰세요.

(1) 한국 :　　(2) 중국 :

(3) 일본 :　　(4) 영어 :

(5) 잡지 :　　(6) 소설 :

(7) 연필 :　　(8) 필통 :

(9) 사전 :　　(10) 가방 :

독해연습(読解練習: どっかいれんしゅう)

다음 대화문을 읽고, 다음 「작문연습」의 질문에 일본어로 답을 쓰세요.

A：これは何ですか。

B：それは中国の小説です。

A：誰の小説ですか。

B：彼女のです。

A：あの韓国の本も彼女のですか。

B：いいえ、あれは私ので、それは彼女のです。

작문연습(作文練習: さくぶんれんしゅう)

(1) これは何ですか。→ (中国の小説)

____。

(2) 誰の小説ですか。→ (彼女)

____。

(3) あれは何ですか。→ (韓国の本)

____。

(4) Bさんの本はどれですか。→ (あの本)

____。

듣기연습(聞き取り練習: ききとりれんしゅう)

다음 선생님의 말을 듣고, 제시한 단어가 맞으면 '○', 틀리면 '×' 표시를 (　) 안에 쓰세요.

(1) 韓国の教科書　(　　　)

(2) 中国の雑誌　(　　　)

(3) 彼女の筆箱　(　　　)

(4) 弟の消ゴム　(　　　)

일본의 설맞이와 정월놀이

일본인들은 연말연시 때에 양력으로 설을 맞이하기 때문에, 12월 31일을 오오미소카(おおみそか: 大晦日: 양력 섣달그믐)날로 설맞이 준비와 새해의 기대로 분주하다. 관청 등에서는 종무식을 하고, 일반 가정에는 집안을 대청소하며, 카도마츠(かどまつ: 門松 : 새해에 문앞에 세우는 장식 소나무)를 세운다. 이것은 12월 중하순부터 1월 7일까지 그대로 둔다. 정식으로 대나무를 곁들이고, 약식으로 솔가지 하나에 금줄(しめなわ)만 단다.

또 현관에는 시메카자리(しめかざり: 금줄장식)를 걸어두고, 신을 모셔놓는 카미다나(かみだな: 神棚)에나 방 상좌의 바닥을 조금 높게 만든 곳인 토코노마(とこのま: 床の間)에 둥글고 납작한 대소 두 개의 포갠 떡 카가미모치(かがみもち: 鏡もち)를 차려 놓아 쇼가츠카미(しょうがつかみ: 正月神)가 내려올 때 이를 표적으로 삼아 찾아온다고 믿는다. 떡은 그 위에 다시마・곶감・유자・새우・부채・귤나무 등을 장식했다가, 1월 11일에 잘게 부수어 먹는다.

세모(歲暮)가 되면, 1년 동안 도움을 받고 신세를 입은 사람에게 오세보(お歲暮)라 불리는 선물세트를 보내는 것이 하나의 풍속이기도 하다.

새해에 백화점이나 상점에서 후쿠부쿠로(ふくぶくろ: 福袋: 복주머니)를 파는 이벤트행사로 그 안에 일상용품의 물건이 들어 있는데, 정액(￥1,000, ￥3,000, ￥5,000)의 가격보다 더 내용물이 비싼 경우가 많다.

12월 31일에는 건강을 기원하며 장수를 비는 뜻으로 토시코시소바(としこしそば: 年越しそば)라는 송구영신의 메밀국수를 먹고, 가수들이 총출동하는 TV프로그램의 홍백가요전(紅白歌合戦)을 보다가 자정에 제야의 종소리(108번, 백팔번뇌를 부수는 의미)를 들으며 새해를 맞는다.

설날 아침에는 오토소(おとそ: お屠蘇)라는 설날술을 마시고, 오세치(おせち: お節)요리와 떡국인 오조니(おぞうに: 雑煮)를 먹는다.

어린이들은 세배돈으로 오토시다마(おとしだま: お年玉)를 받는데 예쁜 봉투에 새 돈을 넣어준다. 또, 새해 인사로 미리 친척이나 친구・친지들에게서 보내온 연하장(ねんがじょう: 年賀状)을 읽기도 한다.

설날 첫참배인 하츠모데(はつもうで: 初詣)를 하기 위해 1월 7일까지 신사나 절을 찾기도 하고, 설날 3일 동안은 집에서 휴식을 취하며 1년을 설계하는데 어린이들은 타코아게(たこあげ: 凧揚げ:연날리기)와 하네츠키(はねつき: 羽根突き:베드민턴과 비슷함) 놀이를 즐긴다.

카도마츠

시메카자리

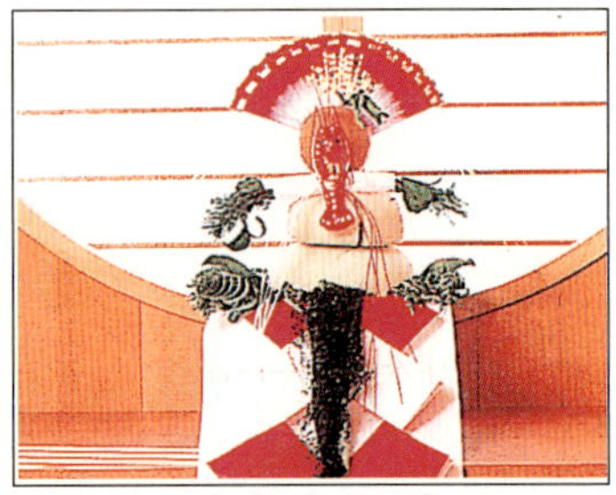
카가미 모치

토시코시소바

오세치요리

하츠모데

오세보

후쿠부쿠로

넨가죠

오토시다마

하고이타

타코아게

‘하네츠키’(はねつき: 羽根突き)란 정초 때 여자아이들의 전통적인 놀이 일종이다. 둘이 혹은 한 사람이 손잡이가 있는 ‘하고이타’(はごいた: 羽子板)라는 나무판으로 제기 비슷한 ‘하고’(はご: 羽子)라는 새깃털을 붙인 무환자나무(모감주나무)의 딱딱한 종자(열매)를 배드민턴처럼 치면서 노는 놀이이다.

요즘은 정월에 아이들이 전통놀이로 하지만 옛날처럼 모감주나무 ‘하고’가 아닌 인공깃털을 단 ‘하고(羽子)’로 친다. 놀이방법으로 혼자서 숫자를 부르면서 몇 번이나 쳐 올릴 수 있는지를 겨루는 츠키바네(つき羽根)와 두 사람 이상이 패를 갈라서 마주하여 치고 받으며 승부를 겨루는 오이바네(追い羽根)가 있다.

‘하네츠키’에 관한 기원은 무로마치시대(室町時代, 1338~1573) 문헌에 궁중놀이로서 기록되어 있고, 진 사람이 술을 대접했다고 한다.

에도시대(江戸時代, 1603~1867)가 되면 가정 부인들 사이에서 당시 유행했던 꽃이나 새, 혹은 사람 등의 그림을 직물 위에 입체감이 나타나도록 ‘오시에’(押し絵)라는 그림을 그려 솜으로 다져서 목판인 ‘하고이타’에 붙이기 시작했다. 화조풍월 · 칠복신 · 물고기 · 연날리기 · 카부키 배우 등의 그림들이 ‘하고이타’에 붙게 되고, 오늘날의 일본전통공예품 가게에서 볼 수 있는 감상품이 되었다.

이 놀이가 시작된 설(説)은 여러 가지 있지만, 새 모양의 ‘하고(羽子)’를 쳐서 높이 올리기 때문에 봄을 부른다고 여겼다. 또 무환자나무의 무환자는 한자로 ‘無患子’로 쓰기 때문에 아이가 병에 걸리지 않는다는 뜻으로 어린이의 사기(邪気)를 없애는 의미를 담고 있다고 한다.

第5講 취미・능력의 표현

< 학습 포인트 >

(1) 좋아하다, 싫어하다

(2) 잘하다, 못하다

(3) 스포츠에 관한 말들

(4) 취미에 관한 말들

(5) 음료・음식에 관한 말들

サッカーが すきですか。

加藤(かとう) ： 吉田さんはサッカーが好(す)きですか。

吉田(よしだ) ： はい、好きです。加藤さんは？

加藤(かとう) ： 好きじゃありません。嫌(きら)いです。
吉田さんは上手(じょうず)ですか。

吉田(よしだ) ： いいえ、上手じゃありません。下手(へた)です。

카토 : 요시다 씨는 축구를 좋아합니까?

요시다: 네, 좋아합니다. 카토 씨는요?

카토 : 좋아하지 않습니다. 싫어합니다.
요시다 씨는 잘합니까?

요시다: 아니요, 잘하지 못합니다. 서툽니다.

TIP(팁: チップ)

(1) 「好(す)きだ: 좋아한다」, 「嫌(きら)いだ: 싫어한다」, 「上手(じょうず)だ: 잘한다」, 「下手(へた)だ: 서툴다」 앞에 오는 조사 '～을'은 '～を'가 아니라 '～が'를 쓴다.

・字(じ)が下手(へた)だ。글씨가 서툴다.

(2) 「～じゃ」는 「～では」의 줄인 말이다.

・そうじゃないよ。그렇진 않아 / 그렇지는 않아.

・あるじゃないか。있진 않은가 / 있지는 않은가?

대화연습(対話練習: たいわれんしゅう)

다음 표 안에 내가 좋아하는 것, 좋아하지 않는 것, 잘하는 것, 잘하지 못하는 것에 먼저 ○, × 표시를 하고, 옆 친구들한테 다음과 같이 밑줄친 부분의 말을 바꿔서 물어보면서 나와 비교를 합시다.

A：サッカーが好(す)きですか。

B：はい、好きです。

いいえ、好きじゃありません。嫌(きら)いです。

A：上手(じょうず)ですか。

B：はい、上手です。

いいえ、上手じゃありません。下手(へた)です。

A：축구를 좋아합니까?

B：네, 좋아합니다.

아니요, 좋아하지 않습니다. 싫어합니다.

A：잘합니까?

B：네, 잘합니다.

아니요, 잘하지 못합니다. 서툽니다.

サッカー ： 축구　　テニス ： 테니스　　野球(やきゅう) ： 야구
歌(うた) ： 노래　　踊(おど)り ： 춤　　運転(うんてん) ： 운전

		나	친구 1	친구 2
축구	좋아함			
	잘함			
테니스	좋아함			
	잘함			
야구	좋아함			
	잘함			
노래	좋아함			
	잘함			
춤	좋아함			
	잘함			
운전	좋아함			
	잘함			

작문연습(作文練習: さくぶんれんしゅう)

다음 말을 일본어로 쓰세요.

(1) 야구를 좋아합니까?

______________________________。

(2) 좋아하지 않습니다. 싫어합니다.

______________________________。

(3) 노래를 못합니다.

______________________________。

(4) 운전을 잘합니다.

______________________________。

생활단어(生活単語: せいかつたんご)

(1) 스포츠에 관한 말

サッカー : 축구	テニス : 테니스	球(やきゅう) : 야구
バレーボール : 배구	バスケットボール : 농구	バドミントン : 배드민턴
ゴルフ : 골프	スキー : 스키	スケート : 스케이트
ボーリング : 볼링	水泳(すいえい) : 수영	

(2) 취미에 관한 말

歌(うた) : 노래	カラオケ : 가라오케(노래방)	音楽(おんがく) : 음악
踊(おど)り : 춤	ダンス : 댄스	運転(うんてん) : 운전
読書(どくしょ) : 독서	映画(えいが) : 영화	
コンピューターゲーム : 컴퓨터 게임		

(3) 음료에 관한 말

コーヒー : 커피	紅茶(こうちゃ) : 홍차	ジュース : 주스
コーラ : 콜라	ビール : 맥주	お酒(さけ) : 술(정종)
焼酎(しょうちゅう) : 소주	ウイスキー : 위스키	

(4) 음식에 관한 말

うどん : 우동	ラーメン : 라면	おにぎり : 주먹밥
牛丼(ぎゅうどん) : 규동	お好(この)み焼(や)き : 오코노미야키	
焼(や)きそば : 야키소바	たこ焼(や)き : 타코야키	
ハンバーガー : 햄버거	ピザ : 피자	ステーキ : 스테이크
スパゲッティ : 스파게티	サンドイッチ : 샌드위치	

일본의 다도

다도(さどう: 茶道)는 차를 끓이거나 마시는 예법을 말한다. 일본의 다도는 사도(さどう), 또는 챠도(ちゃどう)로 읽기도 한다. 재료는 녹차를 갈아서 분말로 만든 말차(まっちゃ: 抹茶)라는 고급 가루차를 쓴다. 달리 '히키차'(ひきちゃ)라고도 한다.

일본의 아즈치모모야마(安土桃山) 시대에 어떤 사람이 일본 다도를 완성시킨 센노리큐(센리큐: 千利休, 1522~1591. 4. 21)에게 "다도란 무엇입니까?"하고 물어봤더니, "차는 맛있게 끓이고, 숯은 물을 잘 끓이도록 준비해놓고, 겨울은 따뜻하게, 여름은 시원하게, 꽃은 들에 있는 것처럼 꽂고, 시간은 일찍 준비하고, 비가 내리지 않아도 올 준비를 하고, 낯선 손님께 조심하는 것, 이 일곱가지(七則)가 전부다"라고 대답했다고 한다.

그러자 여쭈어 본 사람이 "그런 것은 세 살 갓난아기라도 압니다"고 했다. 그러자 센노리큐는 "알고 있어도 하지 못하는 것이 사람이 아닙니까? 당신이 정말로 이것을 할 수 있다면 내가 당신의 제자가 되겠습니다"고 대답했다 한다.

다도는 '대접'과 '마련(준비)'의 미학이라고 한다. 바쁜 현대사회 속에서도 사람 사이의 뭔가 잃어버린 중요한 것을 다도에서 찾아낼 수 있을지도 모른다.

다옥

니지리구치(躙り口: 다실의 출입문)

따뜻하게 데운 잔에 차를 넣고, 100℃로 끓인 물을 70℃ 정도되게 식혀서 부은 다음 뚜껑을 덮어 1분간 기다렸다가 마신다. 마시는 법은 분파에 따라 다소 달라질 수 있으나 기본적으로는 다음과 같다.

① 바로 앉음 자세로 받은 찻잔의 찻종을 옆 사람 쪽에 조금 옮겨 보여주면서 "おさきにいただきます(먼저 먹겠습니다)"라고 인사말을 한다.

② 찻종을 자신 앞에 옮겨 오른손으로 들어 올린다.

③ 왼손 바닥에 찻종을 놓고 찻종 오른쪽을 오른손으로 가볍게 잡고 찻종을 조금 올리면서 눈인사를 한다.

④ 찻종을 가슴 높이까지 내려, 시계 방향으로 90도 돌린다.

⑤ 우선 한 입 먹고 "けっこうなおふくかげんです(대단히 맛있습니다)"라고 한 후 찻종을 타타미 바닥의 찻잔에 놓지 않고 몇 자례 나누어 모두 마신다.

⑥ 다 마셨으면 입을 붙인 부분을 집게 손가락과 엄지 손가락으로 닦고 이미 품에 준비해 두었던 종이로 손가락을 닦는다.

⑦ 주인에게 찻종이 원래대로 보이도록 찻종을 90° 돌려서 오른 손으로 타타미 위의 찻잔에 놓는다.

다도예절

일본 임제종의 승려였던 대응국사(大応国師, 1235~1308)가 중국 송(宋)나라로 건너가 9년간 유학하고 귀국시에 다도서적인「다당청규(茶堂清規)」3권을 가져와 전한 바 일본 다도정신인 화경청적(和敬清寂)을 센노리큐가 전수받았다.

① 和 : 일체의 형상과 마음이 화합하는 것.

② 敬 : 일체의 존재를 공경하는 것.

③ 清 : 자신의 내면과 외부의 모든 더러움을 깨끗이 하는 것.

④ 寂 : 마음의 번뇌가 없고 몸에 괴로움이 없는 경지에 이르는 것.

센노리큐(千利休)는 일본의 다도(茶道)를 정립한 사람으로 다조(茶祖)로 불린다. 센노리큐는 1522(大永 2)년 오사카(大阪)지방인 사카이(堺)의 가게명이 토토야(魚屋)라는 상인집안에서 태어났으며, 어릴적 이름은 '타나카요시로(田中興四郎)였다.

그는 58세 때 오다 노부나가(織田信長, 1534~1582)의 다도스승이 되었다가 그가 죽은 후에는 토요토미 히데요시(豊臣秀吉, 1536~1598)의 다도선생이 되었다. 그러나 그가 다른 사람에게 히데요시가 천박한 사람이라고 말한 것이 그의 귀에 전해졌다. 천하의 영웅인 히데요시가 "'잘못 말했노라'고 빌면 목숨을 살려주겠노라"고 했으나 센노리큐는 보기 좋게 그의 제안을 거절하였다. 결국 그의 노여움을 사게 되어 자결을 명(命)받고 70세인 1591(天正 19)년 음력 2월 28일 히데요시의 장대한 저택 쥬라쿠다이(聚楽第)에서 할복하였다. 그의 사후에도 일본다도(日本茶道)는 그의 제자와 자손들에 의해 계승되어 오늘에 이르고 있다.

다실입구(높이:67cm, 폭:64cm)

다실내부

第6講 전화번호의 표현

< 학습 포인트 >
(1) 숫자 : 0～9
(2) 숫자 : 10～99
(3) 전화번호 읽기

でんわばんごうは なんばんですか。

山田(やまだ) : 佐々木さんの家(いえ)の電話番号(でんわばんごう)は何番(なんばん)ですか。

佐々木(ささき) : 345-(さんよんごの)6789(ろくななはちきゅう)です。

山田(やまだ) : じゃ、ケータイの番号(ばんごう)は？

佐々木(ささき) : 012-(ぜろいちにの)345-(さんよんごの)6789(ろくななはちきゅう)です。

야마다 : 사사키 씨의 집 전화번호는 몇 번입니까?

사사키 : 345-6789입니다.

야마다 : 그럼, 휴대폰 번호는요?

사사키 : 012-345-6789입니다.

TIP(팁: チップ)

(1) 전화번호 '345－6789'의 지역국 다음 '–' 는 '～의'라는 뜻인「～の」라고 하면 된다. 원칙적으로 명사 사이에「～の」가 들어간다.

(2) 전화번호를 알려 줄 때 숫자 말하기

0	1	2	3	4	5	6	7	8	9
ぜろ (れい)	いち	に	さん	よん (し)	ご	ろく	なな (しち)	はち	きゅう (く)

대화연습(対話練習: たいわれんしゅう)

다음과 같이 친구 휴대폰 번호를 물어보고 대답하세요.

A：ケータイの番号(ばんごう)は何番(なんばん)ですか。

B：012–(ぜろいちにの)345–(さんよんごの)6789(ろくななはちきゅう)です。

A：휴대폰 번호는 몇 번입니까?

B：012-345-6789입니다.

A：______________________________

B：______________________________

012-345-6789

쓰기연습(書き練習: かきれんしゅう)

다음 전화번호를 히라가나로 쓰세요.

(1) 054-987-6543 →

(2) 02-253-6967 →

(3) 016-2945-3768 →

(4) 001-81-3-1234-5678 →

듣기연습(聞き取り練習: ききとりれんしゅう)

먼저 각자 다음 칸에 1～49까지 숫자를 쓰고, 선생님의 말을 듣고 빙고게임을 해봅시다.

키모노

‘키모노(きもの: 着物)’라는 말은 ‘입는 것’, 곧 의복을 뜻한다. 그러나 오늘날에는 양복에 대한 말로 일본의 전통의상을 의미한다. 마치 한국인이 특별한 날에 ‘한복’을 입듯이 일본인들도 특별한 날, 곧 정월초・성인식・결혼식・입학식・장례식 등과 같은 날에 주로 여성들이 자주 입는다.

키모노는 보통 일상적으로 입는 후단기(ふだんぎ: 普段着)와 특별한 날에 입는 하레기(はれぎ: 晴着)로 나누어지는데, 키모노는 후자를 가리킨다. 하레기는 미혼이나 기혼에 따라 달리 입으며, 미혼여성은 후리소데(ふりそで: 振袖)라고 하여 색상이 몹시 화려하고 소매가 한국의 도포처럼 길다. 소매폭은 ‘키모노’의 전체 기장과 맞먹게 늘어뜨린다. 가장 호화스러운 것은 신부가 입는 우치카케(うちかけ: 打掛け)이고, 제일 간편하게 많이 입는 옷이 유카타(ゆかた: 浴衣)이며, 유카타는 말 그대로 면으로 된 ‘욕의’ 또는 여름용 홑옷을 말하며, 값도 싸고 세탁하기에 편리해서 많이 입는다.

기혼 여성들의 예복은 쿠로토메소데(くろとめそで: 黑留袖)라고 하여 토메소데(とめそで: 留袖, 키모노의 소매)에 남자와 같이 이츠츠몬(いつつもん: 五紋), 또는 이츠토코로몬(いつところもん: 五所紋)이라 하는 검은 바탕에 다섯 개의 똑 같은 문양을 넣기 때문에 붙여진 이름이다. 등에 1개, 양 가슴에 각각 1개, 양 소매에 각각 1개씩 가문(かもん: 家門)을 상징하는 카몬(かもん: 家紋)을 그려 넣거나 수(繡)로 놓는다.

키모노를 입을 때는 장식물이나 소지품도 갖추어 입는데 신(ぞうり: 草履), 버선(たび: 足袋), 숄(shawl:ショール), 백(bag:バッグ) 등이 있다.

평상시의 오비(おび: 帯)는 간편하나 키모노를 입을 때 띠는 오비는 화려한 장식으로 되어 있다. 그래서 오비의 값이 고가이기 때문에 키모노가 비싼 이유가 된다고 한다.

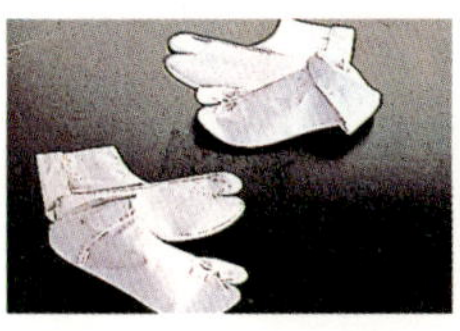

第7講 시간의 표현

< 학습 포인트 >
(1) ～시 ～분
(2) ～부터 ～까지

いま、なんじですか。

山口(やまぐち) ： すみません。今(いま)、何時(なんじ)ですか。

松本(まつもと) ： 1時(いちじ)5分(ごふん)です。

山口(やまぐち) ： 日本語(にほんご)の授業(じゅぎょう)は、
何時(なんじ)から何時(なんじ)までですか。

松本(まつもと) ： 3時(さんじ)から4時(よじ)50分(ごじゅっぷん)までです。

山口(やまぐち) ： あっ、そうですか。ありがとうございます。

야마구치: 미안합니다. 지금 몇 시입니까?

마츠모토: 1시 5분입니다.

야마구치: 일본어 수업은 몇 시부터 몇 시까지입니까?

마츠모토: 3시부터 4시 50분까지입니다.

야마구치: 앗, 그렇습니까. 감사합니다.

TIP(팁: チップ)

(1) ～から～まで : '～부터～까지'

「～から」는 격조사로 출발・시작의 위치나 동작의 기점, 시간의 시작을 나타내며, 「～まで」는 ～から의 한계점을 나타낸다.

(2) ひる와 おひる

「昼(ひる)」는 '낮'이고, 「お昼(ひる)」는 '점심식사'가 된다. 「お」는 접두사이며, 말을 꾸미거나 높일 때 쓴다.

(3) '4시 50분(よじ ごじゅっぷん)'을 달리 표현하면, '5시 10분전입니다'일 때는 「ごじ じゅっぷんまえです(5時10分前です)」로 쓴다.

대화연습(対話練習: たいわれんしゅう)

(1) 시계를 보면서 다음과 같이 질문과 대답을 하세요.

A : すみません。今(いま)、何時(なんじ)ですか。

B : 1時(いちじ)5分(ごふん)です。

A : 미안합니다. 지금 몇 시입니까?

B : 1시 5분입니다.

A : ________________________________

B : ________________________________

시각의 표현－시(時)

1시	2시	3시	4시	5시	6시	7시	8시	9시	10시	11시	12시
いちじ	にじ	さんじ	よじ	ごじ	ろくじ	しちじ	はちじ	くじ	じゅうじ	じゅう いちじ	じゅう にじ

시각의 표현－분(分)

1분	2분	3분	4분	5분	6분
いっぷん	にふん	さんぷん	よんぷん	ごふん	ろっぷん

7분	8분	9분	10분	몇 분	11분
ななふん	はっぷん	きゅうふん	じゅっぷん	なんぷん	じゅういっぷん

15분	20분	30분	40분	50분	60분
じゅうごふん	にじゅっぷん	さんじゅっぷん	よんじゅっぷん	ごじゅっぷん	ろくじゅっぷん

(2) 다음과 같이 밑줄 친 부분의 말을 바꿔서 질문과 대답을 하세요.

A ： 日本語(にほんご)の授業(じゅぎょう)は、何時(なんじ)から何時(なんじ)までですか。

B ： 3時(さんじ)から4時(よじ)50分(ごじゅっぷん)までです。

A : 일본어 수업은 몇 시부터 몇 시까지입니까?

B : 3시부터 4시 50분까지입니다.

日本語(にほんご)の授業(じゅぎょう) : 일본어 수업

1時間目(いちじかんめ) : 1교시　　お昼(ひる) : 점심식사

쓰기연습(書き練習: かきれんしゅう)

다음 시간을 히라가나로 쓰세요.

(1) 1:10 →

(2) 4:25 →

(3) 9:53 →

(4) 12:34 →

듣기연습(聞き取り練習: ききとりれんしゅう)

다음 선생님의 말을 듣고 시간을 숫자로 쓰세요.

(1) (　　:　　)～(　　:　　)

(2) (　　:　　)～(　　:　　)

(3) (　　:　　)～(　　:　　)

(4) (　　:　　)～(　　:　　)

토리이

토리이(とりい: 鳥居)는 일본의 신사(じんじゃ: 神社) 입구에 세운 「幵」모양의 관문이다. 토리이는 횡목(横木)에 새가 거처한 데서 토리이(鳥居)로 불리운 것이라 한다.

이 새는 신(神)의 사자가 새(鳥)로 화신한 신조(神鳥)를 뜻하며, 그래서 신역의 입구를 나타내는 산 입구나 바위 앞, 신사(神社) 경내에 들어서기 전 입구에 세운 것이다.

이것은 한국의 능(陵)·원(園)·묘(廟)·궁전(宮殿) 등의 정면에 세우던 홍살문과 비슷하다. 홍살문은 붉은 살들이 문의 상부에 가지런히 세워져 있으나 토리이처럼 지붕이 없는 것이 다르다.

일본의 명소라 할만한 곳에는 토리이가 있고 신사가 있다. 일본 전국에 대략 20만개 이상 신사가 있다고 한다. 토리이는 신사의 입구에 1개 또는 2, 3개의 나무(木)·돌(石)·구리(銅) 등의 재질(材質)로 만들어지며, 색깔은 대개 붉은 색이다. 어떤 곳은 10여개 이상 연속된 토리이도 있다.

바다에 세워진 이츠쿠시마신사 앞의 토리이

연속된 토리이

쿄토(京都)의 후시미이나리타이샤(伏見稲荷大社)는 천개의 붉은색 토리이(센본토리이:千本鳥居)가 4km의 오르막 산길로 촘촘이 세워져 있기도 하다. 말로는 센본(천개)이라지만 실제로는 만여개가 넘는다고 한다. '후시미'는 지명, '이나리'는 풍년과 다산을 상징하는 농업신의 이름이다.

큐슈(きゅうしゅう: 九州)의 사가현(さがけん: 佐賀県)의 아리타(ありた: 有田) 지방의 아리타공원(有田公園) 입구에 도조(陶祖)인 이참평(李参平)을 제신(祭神)으로 모시고 있는 스에야마신사(陶山神社)에는 높이 3.65m · 폭 3.9m의 백자로 만든 일본 유일의 진귀한 토리이도 있다. 이참평은 정유재란 때 충남 공주의 진중에 있던 일본 무사 나베시마 나오시게(なべしまなおしげ: 鍋島直茂)가 일본에 데리고 간 사람이다.

또 포구의 바다에 세워진 토리이는 해신(海神)을 맞이하기 위한 것이라 한다. 대표적인 것이 미야지마(宮島)에 있는 이츠쿠시마신사(厳島神社)이다.

'토리이' 유래는 고대 한국 청동기시대의 동이(東夷)지역 민속신앙의 풍속이었던 솟대로서 마을의 제일(祭日)에 장대를 높이 세우고 나무로 새(오리)를 만들어 앉히고 천신(天神)에게 감사제를 지낸 예(濊)의 무천(舞天)이나 부여의 영고(迎鼓)라는 천신제에서 시작된 것이 3세기경 일본의 아스카(あすか: 飛鳥) 땅에 옮겨진 것이라는 설이 있다.

후시미이나리타이샤 토리이

아리타공원의 스에야마신사 토리이

第8講 날짜의 표현

< 학습 포인트 >
(1) ～월 ～일
(2) 여러 기념일

たんじょうびは、なんがつ なんにちですか。

井上(いのうえ)： 木村さんの誕生日(たんじょうび)は、何月(なんがつ)何日(なんにち)ですか。

木村(きむら)： 1月(いちがつ)1日(ついたち)です。

井上(いのうえ)： えっ、正月(しょうがつ)ですね。

木村(きむら)： 井上さんの誕生日(たんじょうび)は?

井上(いのうえ)： 5月(ごがつ)5日(いつか)です。

木村(きむら)： わあ、子供(こども)の日(ひ)ですね。

이노우에 : 키무라 씨의 생일은 몇 월 며칠입니까?

키무라 : 1월 1일입니다.

이노우에 : 네! 정월이네요.

키무라 : 이노우에 씨의 생일은요?

이노우에 : 5월 5일입니다.

키무라 : 와～, 어린이날이네요.

대화연습(対話練習: たいわれんしゅう)

다음과 밑줄 친 부분의 말을 바꿔서 질문과 대답을 하세요.

A : 誕生日(たんじょうび)は、何月(なんがつ)何日(なんにち)ですか。

B : 1月(いちがつ)1日(ついたち)です。

A : 생일은 몇 월 며칠입니까?

B : 1월 1일입니다.

誕生日(たんじょうび) : 생일　　入学式(にゅうがくしき) : 입학식

卒業式(そつぎょうしき) : 졸업식　　祭(まつ)り : 축제

結婚式(けっこんしき) : 결혼식　　子供(こども)の日(ひ) : 어린이날

(1) 달(がつ)의 명칭

1월	2월	3월	4월	5월	6월	7월	8월	9월	10월	11월	12월
いちがつ	にがつ	さんがつ	しがつ	ごがつ	ろくがつ	しちがつ	はちがつ	くがつ	じゅうがつ	じゅういちがつ	じゅうにがつ

(2) 일(にち)의 명칭

1일	2일	3일	4일	5일	6일	7일	8일	9일	10일
ついたち	ふつか	みっか	よっか	いつか	むいか	なのか	ようか	ここのか	とおか
11일	12일	13일	14일	15일	16일	17일	18일	19일	20일
じゅういちにち	じゅうににち	じゅうさんにち	じゅうよっか	じゅうごにち	じゅうろくにち	じゅうしちにち	じゅうはちにち	じゅうくにち	はつか
21일	22일	23일	24일	25일	26일	27일	28일	29일	30일
にじゅういちにち	にじゅうににち	にじゅうさんにち	にじゅうよっか	にじゅうごにち	にじゅうろくにち	にじゅうしちにち	にじゅうはちにち	にじゅうくにち	さんじゅうにち
31일									
さんじゅういちにち									

쓰기연습(書き練習: かきれんしゅう)

다음 날짜를 히라가나로 쓰세요.

(1) 1월 3일

____

(2) 3월 10일

____

(3) 4월 31일

____

(4) 9월 20일

____

듣기연습(聞き取り練習: ききとりれんしゅう)

다음 선생님의 말을 듣고 달과 날짜를 숫자로 쓰세요.

(1) (　　　/　　　)

(2) (　　　/　　　)

(3) (　　　/　　　)

(4) (　　　/　　　)

마츠리(まつり: 祭り)

일본은 다신(多神) 숭배의 나라이다. 한 사람이 여러 신(神)을 신봉해도 상관없다. 우상(偶像)도 다양하다. 나아가 일본인의 종교심은 동물·식물·자연현상 속에 영혼이 있다고 믿으며, 이런 숭배심이 종교로 발전된 신도(神道)와 불교가 바탕이 되어 질병이나 자연재해 예방을 기원하는 제사나 종교의식의 목적으로 행해지던 행사의 일부였던 것이 지금은 일본인의 생활이나 습관·계절에 깊은 관련이 있는 마츠리(まつり: 祭り)로 되고, 시민생활의 풍물로 변모하였다. 다른 나라의 종교는 생활의 윤리지침이나 실천규범, 인간구원인 것에 비해 일본의 종교는 생활을 풍요롭게 하는 제사행위(축제)로서 일반생활을 속박하지 않는다.

일본의 마츠리(제사·축제)의 시작이라 할 수 있는 입춘(立春) 전날인 2월 3일을 세츠분(節分)이라 하여 열도전국이 볶은 콩을 집 안팎으로 던지며 "귀신은 밖으로 복은 안으로: 鬼(おに)は外(そと)へ、福(ふく)は内(うち)へ"를 외치며 떠들썩한 행사가 시작된다. 일본에서는 「~へ」를 생략해 「おにはそと、ふくはうち」로 말한다.

세츠분 행사

세츠분 콩

또, 전국적으로 열리는 3월 3일 여자아이의 행복을 기원하는 히나마츠리(ひなまつり: ひな祭り)는 제단에 키모노를 입힌 작은 인형 등을 진열하고 떡(사쿠라모치)·감주·복숭아 꽃들을 차려 놓고 기원하기 때문에 모모노셋쿠(桃の節句)라고도 한다. 벚꽃을 감상하는 하나미마츠리(はなみまつり: 花見祭り)가 있고, 5월 5일 어린이날(こどものひ: 子供の日)에는 종이나 천 등으로 잉어모양을 만들어 깃발처럼 장대에 높이 매다는 코이노보리(鯉幟) 축제가 있으며, 또 이날은 단오절(탄고노셋쿠: 端午の節句)이기도 하다.

양력 5월 15일에 교토(京都)의 고쇼(御所)에서부터 행진하여 시모가모신사(しもがもじんじゃ: 下鴨神社)와 카미가모신사(かみがもじんじゃ: 上賀茂神社)에 제사지내는 1400여 년의 역사를 가진 아오이(접시꽃)마츠리(あおいまつり: 葵祭り), 5월 제3금・토・일요일 토쿄의 아사쿠사신사(あさくさじんじゃ: 浅草神社)에서는 1300년 전 어부형제가 스미다(隅田)강에서 그물에 걸려 올라온 관음상(観音像)을 마을에 박식한 '하지노마나카치(土師真仲知)'라는 학자에게 보였던 바 이를 신사에 모시게 했는데, 후에 이들 세 사람을 추모하여 제사지낸 것이 산쟈마쯔리(さんじゃまつり: 三社祭り)이다.

히나 마츠리

하나미 마츠리

코이노보리

타나바타 마츠리

7월 1일부터 31일까지 질병퇴치를 기원하여 신사에 제사지냈던 1100여년 역사를 가진 쿄토 야사카신사(きょうと やさかじんじゃ: 京都 八坂神社)의 기온마츠리(ぎおんまつり: 祇園祭り)는 7월 17일날 행하는 32기의 야마보코(山鉾)행렬이 유명하다. 7월 7일 견우직녀(牽牛織女)의 오작교(烏鵲橋) 전설이 어린 타나바타마츠리(七夕祭)가 있는데, 특히 센다이(せんだい: 仙台)에서 행하는 마츠리가 유명하다.

8월 2일부터 7일까지 열리는 동북지방 아오모리(あおもり: 青森)의 잠쫓는 축제인 네부타마츠리(ねぶた祭り), 8월 3일부터 6일까지 등장식(灯裝飾) 축제로 열리는 동북지방 아키타(あきた: 秋田)의 칸토마츠리(かんとう祭り), 8월 중순에 정령을 맞이하여 위로하는 뜻의 본오도리(ぼんおどり: 盆踊り;백중맞이춤)는 밤에 마을 주민들이 광장에 모여 춤을 추는 행사이다.

10월 7일부터 9일까지의 큐슈(きゅうしゅう: 九州) 나카사키시(長崎市)의 스와신사(すわじんじゃ: 諏訪神社)의 제신을 기념하는 오쿤치(お九日)는 카톨릭을 몰아내기 위해 막부가 주도한 적이 있는 축제로 나룻배 모양의 형형색색의 가마행렬과 용춤이 유명하다.

겨울축제로 시즈오카현(静岡県)과 아이치현(愛知県)의 동지축제인 시모츠키마츠리(しもつきまつり: 霜月祭り), 홋카이도(北海道)의 삿포로(さっぽろ: 札幌) 눈축제인 유키마츠리(雪祭り)는 전통적인 것은 아니나 유명한 겨울축제로 자리매김하였다. 그 외 지방 곳곳에서 열리는 마츠리는 날마다 있을 정도로 셀 수 없이 많다.

기온마츠리

第9講 시제와 요일・주・달・년의 표현

< 학습 포인트 >

(1) 월요일～일요일

(2) 그저께～모레

(3) 지지난 주～ 다다음 주

(4) 지지난 달～ 다다음 달

(5) 재작년～내후년

(6) 과거형 ～でした

あしたは なんようびですか。

林(はやし) : 明日(あした)は何曜日(なんようび)ですか。

清水(しみず) : 月曜日(げつようび)です。

林(はやし) : 期末試験(きまつしけん)は、いつからですか。

清水(しみず) : 来週(らいしゅう)からです。

林(はやし) : へえ～、私(わたし)と同(おな)じですね。

하야시 : 내일은 무슨 요일입니까?

시미즈 : 월요일입니다.

하야시 : 기말시험은 언제부터입니까?

시미즈 : 다음 주부터입니다.

하야시 : 허～, 저랑 같네요.

TIP(팁: チップ)

(1) 何時(いつ)から : 언제부터

(2) 同(おな)じです : 같습니다

(3) ～ね : '～군요,～네요' 등 동의・확인을 나타내는 조사.

대화연습(対話練習: たいわれんしゅう)

(1) 다음과 같이 단어를 바꿔서 질문과 대답을 하세요.

A : 明日(あした)は、何曜日(なんようび)ですか。

B : 月曜日(げつようび)です。

A : 昨日(きのう)は、何曜日でしたか。

B : 土曜日(どようび)でした。

※ ～ですの 과거형은 ～でしたOI다.

A: 내일은 무슨 요일입니까?

B: 월요일입니다.

A: 어제는 무슨 요일이었습니까?

B: 토요일이었습니다.

때(時)와 요일(曜日)의 명칭

그저께	어제	오늘	내일	모레
一昨日(おととい)	昨日(きのう)	今日(きょう)	明日(あした)	明後日(あさって)

월요일	화요일	수요일	목요일	금요일	토요일	일요일
月曜日(げつようび)	火曜日(かようび)	水曜日(すいようび)	木曜日(もくようび)	金曜日(きんようび)	土曜日(どようび)	日曜日(にちようび)

(2) 다음과 같이 단어를 바꿔서 질문과 대답을 하세요.

A：期末試験(きまつしけん)は、いつからですか。

B：来週(らいしゅう)からです。

A：中間試験(ちゅうかんしけん)は、いつからでしたか。

B：先々週(せんせんしゅう)からでした。

A：기말시험은 언제부터입니까?

B：다음 주부터입니다.

A：중간시험은 언제부터였습니까?

B：지지난 주부터였습니다.

期末試験(きまつしけん)：기말시험 中間試験(ちゅうかんしけん)：중간시험

夏休(なつやす)み：여름방학 冬休(ふゆやす)み：겨울방학

文化祭(ぶんかさい)：문화축제 体育祭(たいいくさい)：체육축제

주・달・년(週・月・年)의 명칭

지지난 주	지난 주	이번 주	다음 주	다다음 주
先々週 (せんせんしゅう)	先週 (せんしゅう)	今週 (こんしゅう)	来週 (らいしゅう)	再来週 (さらいしゅう)

지지난 달	지난 달	이번 달	다음 달	다다음 달
先々月 (せんせんげつ)	先月 (せんげつ)	今月 (こんげつ)	来月 (らいげつ)	再来月 (さらいげつ)

재작년	작년	금년	내년	내후년
一昨年 (おととし)	去年 (きょねん)	今年 (ことし)	来年 (らいねん)	再来年 (さらいねん)

쓰기연습(書き練習: かきれんしゅう)

다음 한자를 히라가나로 [ ] 안에 쓰고, 그 뜻을 ( ) 안에 쓰세요.

(1) 昨日 [ ] ( )

(2) 明後日 [ ] ( )

(3) 今週 [ ] ( )

(4) 来週 [ ] ( )

(5) 再来月 [ ] ( )

(6) 去年 [ ] ( )

(7) 火曜日 [ ] ( )

(8) 日曜日 [ ] ( )

(9) 月曜日 [ ] ( )

(10) 金曜日 [ ] ( )

독해연습(読解練習: どっかいれんしゅう)

다음 말을 해석하세요.

(1) 先月は5月でした。

____。

(2) 明日は12日です。

____。

(3) はつかは誕生日です。

____。

(4) なのかは金曜日でした。

____。

듣기연습(聞き取り練習: ききとりれんしゅう)

다음 달력(カレンダー: calendar)을 보고, 선생님이 하는 말을 듣고 (○), (×) 표시를 하세요.

5月 (MAY)

日	月	火	水	木	金	土
1	2	3	4	5 子供の日	6	7
8	9	10 今日	11	12	13	14
15	16	17	18	19	20 誕生日	21
22	23	24	25	26	27	28
29	30	31				

(1) (　　)

(2) (　　)

(3) (　　)

(4) (　　)

(5) (　　)

칠석제와 중원

칠석제

일본의 7월은 후미즈키(文月:ふみづき 또는 ふづき)라고 부른다. 이것은 일본 열도의 한여름의 고온다습한 더위에 지치지 않고 건강히 계시는지 친지에게 안부를 묻는 뜻으로 쇼츄미마이(しょちゅうみまい: 暑中見舞い)라고 하는「복중문안」서신을 보내는데서 유래되었다. 이때 편지지 여백에 수국(あじさい: 紫陽花)이나 나팔꽃(あさがお: 朝顔) 같은 그림을 시원스럽게 그려 넣고 안부를 적기도 한다.

이때 서신에 자주 쓰이는 관용구로 앞머리에 '매우 더운 계절입니다'의 뜻인「大暑の候(炎暑の候・猛暑の候)でございます。」따위를 쓰며, 말미에는 '부디 몸 조심하세요'의 뜻인「くれぐれもご自愛(じあい)くださいませ。」「お体(からだ)を大切(たいせ)になさってください。」등을 쓴다.

음력 7월 7일은 타나바타마츠리(たなばたまつり: 七夕祭り)로 유명하다. 타나바타(たなばた)는 '베틀'을 뜻한다. 칠석(七夕)은 3세기경 중국 한(漢)나라시대부터 유래된 견우직녀의 전설로 고대 일본 나라(奈良)시대의 귀족들 사이에 행해지던 축제인 호시마츠리(ほしまつり: 星祭り)가 에도시대(江戸時代)에 와서 일반인들 사이에도 널리 성행되었다. 견우와 직녀가 은하수에서의 만남을 기원하고, 자신들의 소원을 빌 때 이 두 별님이 이루어준다고 믿고, 칠석 전날 밤에 산 대나무(ささ: 笹; 조릿대)에 소원을 적은 두껍고 조붓한 종이인 탄자쿠(たんざく: 短冊, 가로 6cm, 세로 36cm)에 소원 한 가지를 적어 단다. 유치원생·소학생들도 장식하며 타나바타 풍속을 즐기곤 한다. 특히 센다이(せんだい: 仙台) 타나바타마츠리는 유명한

민속행사이다. 센다이에서는 양력 8월 6일부터 8일까지 타나바타축제를 행한다.

또 7월 15일인 보름날은 오츄우겐(おちゅうげん: お中元: 백중날)이다. 원래 중국에서 전래된 도교(どうきょう: 道教)에서 유래된 풍습으로 이날은 인간의 속죄날로서 성대하게 축제가 열렸는데 오봉(おぼん: お盆), 즉 조상의 영혼이 자손의 집으로 돌아온다고 하는 우라본에(うらぼんえ: 盂蘭盆会)라는 불교의 행사(7월 13일에서 16일 사이인 음력 7월 보름에 온갖 음식물을 차려 놓고 조상의 영혼에 제사지내던 백중맞이 불공)와 합쳐져 행해져 온 것이다.

이때 불공이 끝나고 친척들과 음식을 나누어 먹었던 관습의 백중선물인 오츄우겐(おちゅうげん: お中元)을 보내던 것이 오늘날에까지 이르고 있는데, 이 기간에는 신세를 진 분들이나 가까운 친척・지인들에게 선물을 보내는 것이 풍속화되었다. 선물은 주로 녹차・과일・떡・과자・생선・쇠고기 등 음식물을 감사의 마음을 담아 보낸다. 이 기간동안 성묘를 할 수 있도록 8월 13일부터 16일까지 장기휴가를 주므로 한국의 추석명절휴가를 방불케 한다.

참고로 또 한해가 끝나는 무렵 때도 선물을 보내는데 이를 오세이보(お歳暮)라 하는데, 한국의 추석선물・정초선물을 보내는 것과 같다. 보통 선물을 받으면 답례를 하는데 이것을 오카에시(お返し)라고 한다. 일본인을 이렇게 선물을 받으면 꼭 답례를 해야 된다고 믿으며 의례적인 선물일 때는 상대방에게 너무 부담이 되지 않는 간소한 물건을 보내어 예의를 나타내고 있다.

탄자쿠

중원의 선물셋트

第10講 사물의 위치표현

< 학습 포인트 >

(1) ～에 -이/가 있습니다.

(2) 위치 관계를 나타내는 말들

(3) 방 안에 있는 것들

(4) 있습니다, 없습니다.

つくえのうえに コンピューターがあります。

山崎(やまざき) : ここが私(わたし)の部屋(へや)です。

中島(なかじま) : どこにコンピューターがありますか。

山崎(やまざき) : 机(つくえ)の上(うえ)にコンピューターがあります。

中島(なかじま) : 机(つくえ)の下(した)に何(なに)がいますか。

山崎(やまざき) : 猫(ねこ)がいます。

야마자키 : 여기가 나의 방입니다.

나카지마 : 어디에 컴퓨터가 있습니까?

야마자키 : 책상 위에 컴퓨터가 있습니다.

나카지마 : 책상 밑에 뭐가(무엇이) 있습니까?

야마자키 : 고양이가 있습니다.

TIP(팁: チップ)

(1) 지시대명사

여기	거기	저기	어디
ここ	そこ	あそこ	どこ

(2) 위치표현

위	아래	오른쪽	왼쪽
上(うえ)	下(した)	右(みぎ)	左(ひだり)
앞	뒤	안	옆
前(まえ)	後(うし)ろ	中(なか)	よこ(横)

(3) あります/います와 ありません/いません

	있습니다	없습니다
사물, 식물(의지 없음)	あります	ありません
사람, 동물, 곤충, 미생물 (의지 있음)	います	いません

(4) A: 何(なに)がありますか。

B: めがねがあります。

A: 何(なに)かありますか。

B: はい、あります。

いいえ、何(なに)もありません

A: 무엇이 있습니까?

B: 안경이 있습니다.

A: 무언가 있습니까?

B: 네, 있습니다.

아니오, 아무것도 없습니다.

대화연습(対話練習: たいわれんしゅう)

다음과 같이 밑줄 친 부분의 말을 바꿔서 말하고, 아래 그림을 보고 말합시다.

机(つくえ)の上(うえ)にコンピューターがあります。

책상 위에 컴퓨터가 있습니다.

机(つくえ) : 책상	椅子(いす) : 의자	本棚(ほんだな) : 책장
テーブル : 테이블	テレビ : 텔레비전	コンピューター : 컴퓨터
ベッド : 침대	箪笥(たんす) : 농	写真(しゃしん) : 사진
額(がく) : 액자	時計(とけい) : 시계	窓(まど) : 창문
ドア : 문	犬(いぬ) : 개	猫(ねこ) : 고양이

작문연습(作文練習: さくぶんれんしゅう)

다음 말을 일본어로 쓰세요.

(1) 당신 방 안에 무엇이 있습니까?

____。

(2) 책상 옆에 무엇이 있습니까?

____。

(3) 침대 위에는 아무것도 없습니다.

____。

(4) 책상 아래 고양이가 있습니다.

____。

목욕탕과 온천

일본은 목욕문화(沐浴文化)가 발달된 나라이다. 그것은 일본 열도의 소금끼를 머금은 고온다습한 기후는 목욕이 생활의 일부가 되게 한 것이다. 집에 딸린 욕조는 후로(ふろ: 風呂) 또는 후로바(ふろば: 風呂場)라 한다. 인조 마블(マーブル: marble)이나 스테인레스로 만든 욕조(よくそう: 浴槽)가 보통이나 편백나무(扁柏: ひのき: 桧木)로 만든 것을 최고품으로 친다.

고온다습한 풍토적 특징과 온돌이 없는 취약한 난방시설은 몸의 청결을 물론 몸을 따뜻하게 해서 잠자리에 들기 위해 탕 안에서 먼저 몸을 덥힌다. 목욕탕은 가족 공동이 사용하는데 욕조 밖에서 비누로 몸을 깨끗이 씻고 샤워한 후 뜨거운 물에 몸을 덥히는 곳으로, 몸을 덥힌 후 나올 때 물을 빼면 안된다.

가족의 사용순서는 가장이 우선이고, 할아버지・아들・딸・할머니・어머니・며느리 순이다. 보일러가 달려 있어 물이 식으면 다시 뜨겁게 데운다. 단, 손님이 왔을 때는 성별에 관계없이 우선하여 사용케 한다.

공중목욕탕은 돈(銭)을 주고 목욕하는 탕(湯)이라고 해서 센토(せんとう: 銭湯)라고 불렀는데, 목욕문화는 지금의 토쿄(東京)가 된 옛이름인 토쿠가와막부(徳川幕府)의 소재인 에도(えど: 江戸)로, 인구가 집중되고 증가하는 도시화현상으로 이미 18세기 초엽에 벌써 100만명이 넘는 대도시로 발전되어, 집집마다 목욕탕을 갖추지 못한 서민층을 위한 부수적 소산물이라고 한다.

공중목욕탕에는 유부네(ゆぶね: 湯船)가 있는데 이것은 배에다 목욕탕을 만들어 놓고 요금을 받았기 때문이다. 유부네는 오늘날의 욕조(浴槽)를 이르는 말이기도 하다.

센토(せんとう: 銭湯)의 역사는 나라(奈良)시대 수행승려들이 목욕재계를 위해 사원 안에 욕탕을 만든 것이 시초이며, 그 후 입욕할 때 일반 신도들이 기부금으로 돈을 봉납하였기 때문에 돈을 내고 탕에서 목욕하므로 생긴 단어이며, 이것이 대중화된 목욕탕인 유(ゆ: 湯)가 된 것이다. '風呂屋(ふろや)' 또는 '湯屋(ゆ

や)'라고도 하며, 높은 굴뚝원통에 'ゆ'라고 쓴 것을 볼 수 있는데 원래 'ゆ'는 '뜨거운 물'이지만 대중목욕탕을 뜻한다. 또 입구에 남탕・여탕이 구분되어 있지만 돈을 받고 관리하는 곳은 한 곳이며, 이를 반다이(ばんだい: 番台)라고 한다. 일본의 목욕탕 개장 시간은 오후 3~4시경부터이며 보통 밤 11시까지 영업한다.

일본에는 온천(温泉)이 많은 나라이며, 유황・알카리・나트륨・칼슘 등 수질도 다양하며 신경통・류머티즘・동맥경화・만성피부염에 좋다고 한다. 가정의 목욕탕은 청결을 위한 것이라면 온천탕은 치료를 목적으로 한다. 실내온천도 있지만 노천온천은 바깥 경치도 구경하면서 몸의 긴장을 풀 수 있어 좋다.

일본의 온천은 등록된 것이 2,400여 곳이상 있으며, 미등록 된 곳을 합하면 5,000여 곳이 넘는다고 한다. 유명온천을 살펴보면 ① 카나가와(神奈川)의 하코네(箱根), ② 와카야마(和歌山)의 시라하마(白濱), ③ 시즈오카(静岡)의 아타미(熱海), ④ 효고(兵庫)의 아리마(有馬), ⑤ 토지키(栃木)의 키누가와(鬼怒川), ⑥ 군마(群馬)의 쿠사츠(草津), ⑦ 기후(岐阜)의 게로(下呂), ⑧ 에히메(愛媛)의 도고(道後), ⑨ 오오이타(大分)의 벳푸(別府), ⑩ 시마네(島根)의 타마츠쿠리(玉造) 온천이 유명하다.

어떤 노천 온천에는 크고 넓기도 해서 남녀가 같이 멀찍이 떨어져 목욕하는 곳도 있다. 또 남탕과 여탕이 수시(격일, 또 주일 단위)로 위치가 바뀌므로 외국인들에게는 라커룸(locker room)의 입구에 쓰여진 「ほんじつおとこゆ(本日男湯: 금일남탕)・ほんじつおんなゆ(本日女湯: 금일여탕)」 안내판을 확인하고 들어가야 하는 곳도 있다.

반다이

에히메(愛媛) 마츠야마(松山)의 'どうご(道後)温泉'

第11講 건물・목적지의 위치표현

< 학습 포인트 >
(1) -은/는 ~에 있습니다.
(2) 백화점의 여러 물건들
(3) 여러 건물 이름
(4) 첫 번째, 두 번째, 세 번째

デパートは、どこですか。

橋本(はしもと) : すみません。デパートは、どこですか。
山下(やました) : まっすぐ行(い)って、ひとつめの角(かど)を右(みぎ)に曲(ま)がると左(ひだり)にあります。
橋本(はしもと) : ああ、そうですか。どうもありがとうございます。
橋本(はしもと) : すみません。アクセサリーはどこにありますか。
店員(てんいん) : アクセサリーは、3階(さんがい)のエスカレーターの右(みぎ)にあります。

하시모토 : 미안합니다. 백화점은 어디입니까?
야마시타 : 곧장 가서 첫 번째 모퉁이를(에서), 오른쪽으로 돌면 왼쪽에 있습니다
하시모토 : 아~, 그렇습니까. 대단히 감사합니다.
하시모토 : 미안합니다. 액세서리는 어디에 있습니까?
점원 : 액세서리는 3층 에스컬레이터 오른쪽에 있습니다.

대화연습(対話練習: たいわれんしゅう)

(1) 다음 도로 그림을 보면서 (A), (B) 각 위치에서 목적지에 찾아 갈 수 있도록 가르쳐주세요.

A：あの、すみません。デパートはどこですか。

B：まっすぐ行(い)って、ふたつめの角(かど)を、右(みぎ)に曲(ま)がると左(ひだり)にあります。

A：저, 미안합니다. 백화점은 어디입니까?

B：곧장 가서 두 번째 모퉁이에서 오른쪽으로 돌면 왼쪽에 있습니다.

駅(えき) :역　　地下鉄(ちかてつ) :지하철　　バスターミナル :버스 터미널

デパート :백화점　　コンビニ :편의점　　ホテル :호텔　　レストラン :레스토랑

うどん屋(や) :우동집　　銭湯(せんとう) :목욕탕　　銀行(ぎんこう) :은행

病院(びょういん) :병원　　薬局(やっきょく) :약국　　近(ちかく) : 근처

ひとつめ :첫 번째　　ふたつめ :두 번째　　みっつめ :세 번째

まっすぐ :똑바로　　右(みぎ) :오른쪽　　左(ひだり) :왼쪽

角(かど) :모퉁이　　信号(しんごう) :신호등　　路地(ろじ) : 골목 길

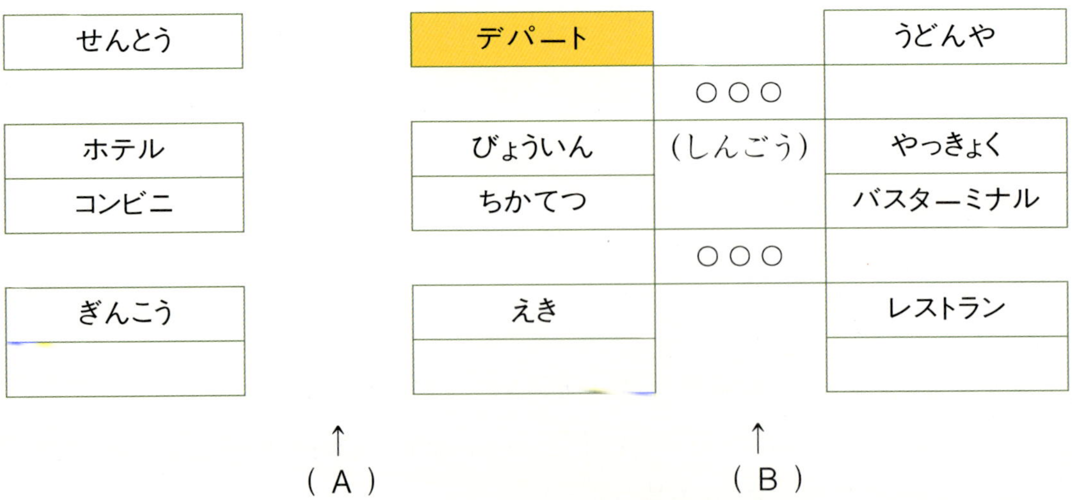

(2) 백화점에서 각 물건의 위치를 먼저 아래 그림 안에 쓰고, 다음과 같이 질문과 대답을 하세요.

A：すみません。アクセサリーはどこにありますか。

B：アクセサリーは、3階(さんがい)のエスカレーターの左(ひだり)にあります。

A : 미안합니다. 액세서리는 어디에 있습니까?

B : 액세서리는 3층 에스컬레이터 왼쪽에 있습니다.

アクセサリー :액세서리　文房具(ぶんぼうぐ) :문방구　傘(かさ) :우산
化粧品(けしょうひん) :화장품　鞄(かばん) :가방　靴(くつ) : 구두
着物(きもの) :키모노　漫画本(まんがほん) :만화책　お菓子(かし) :과자
1階(いっかい) : 1층　2階(にかい) : 2층　3階(さんがい) : 3층
4階(よんかい) : 4층　5階(ごかい) : 5층　地下(ちか) : 지하
エスカレーター : 에스컬레이터　エレベーター : 엘리베이터
トイレ : 화장실　階段(かいだん) : 계단　隣(となり) : 바로 옆

5階(ごかい)			エスカレーター		エレベーター
	トイレ				階段(かいだん)
4階(よんかい)			エスカレーター		エレベーター
	トイレ				階段(かいだん)
3階(さんがい)		アクセサリー	エスカレーター		エレベーター
	トイレ				階段(かいだん)
2階(にかい)			エスカレーター		エレベーター
	トイレ				階段(かいだん)
1階(いっかい)			エスカレーター		エレベーター
	トイレ				階段(かいだん)
地下(ちか)			エスカレーター		エレベーター
	トイレ				階段(かいだん)

한자쓰기(漢字書き: かんじかき)

다음 말을 [ ] 일본한자로 쓰고, ( ) 안에 히라가나를 다세요.

(1) 화장품 [ ] ( )

(2) 키모노 [ ] ( )

(3) 역 [ ] ( )

(4) 지하철 [ ] ( )

(5) 은행 [ ] ( )

(6) 병원 [ ] ( )

(7) 약국 [ ] ( )

(8) 신호등 [ ] ( )

작문연습(作文練習: さくぶんれんしゅう)

다음 말을 일본어로 쓰세요.

(1) 미안합니다. 가방은 어디에 있습니까?

____。

(2) 고양이는 지하 계단 앞에 있습니다.

____。

(3) 버스 터미널은 어디입니까?

____。

(4) 곧장 가서 두 번째 신호등에서 오른쪽으로 돌면 왼쪽에 있습니다.

____

____。

일본의 전통가옥

한국의 한옥(韓屋)은 겨울을 따뜻하게, 여름을 시원하게 지내기 위한 양면구조인 반면에, 일본의 가옥(家屋) 구조는 북쪽 지방을 제외한 대부분이 비가 많이 오는 여름의 덥고 습한 기후를 시원하게 지내기 위한 목적의 여름용에 더 가까운 주거형태로 건축되었다.

잦은 지진의 흔들림에 대비해서 바깥쪽으로 목재기둥을 촘촘이 세우고, 겨울의 많은 강설량을 대비해 높고 경사가 가파른 지붕에, 처마를 길게 내어 강한 햇빛을 막고 몰아치는 풍우에 대비하였고, 창을 많이 내어 통풍을 용이하게 하여 낮 동안에 받은 열기를 빨리 식혀 주도록 하였다.

전통가옥 1

전통가옥 2

이런 여름의 오가사와라기단(小笠原気団, 북태평양고기압)의 찌는 듯한 고온・다우・다습・태풍의 해양성 기후와 풍토는 6~7월 장마와 8~9월 태풍피해를 극복하고, 잦은 지진으로 주택은 정사각형에 가까운 구조물로 외부와는 벽・유리문으로 차단하고, 내부는 흙벽이 아닌 칸지르기로 미닫이용 나무틀을 짜서 양면에 두꺼운 그림 종이나 천으로 도배한 장지문(障子門)・후스마(ふすま: 襖)와 같은 불완전한 격리로 방음효과는 적으나 방과 방, 방과 벽장을 구분한다.

한옥은 방마다 격리되어 있고, 찬바람을 막기 위해 온돌방바닥과 문턱이 꽤 높지만 일본쪽은 방과 방 사이 개탕(開鍚: 장지·빈지·미닫이 문을 끼우기 위한 문틀에 판 홈)의 평면구조는 통풍효과를 높이기 위한 것이다. 그리고 타타미는 습기를 용이하게 흡수하는 기능을 갖고 있다.

특히 일본의 주택은 이마(いま: 居間; 거실)가 발달되어 있다. 이 이마는 가족의 모임·식사·손님접대의 열린 공간이기도 하다. 다시 말하면 마루·부엌·응접실 기능의 통합공간으로 가족의 대화공간인 셈이다. 여기에 겨울철의 이로리(いろり: 囲炉裏)는 난로 역할은 물론, 국을 끓이거나 찻물을 데우며, 고구마나 굳은 떡을 연하게 굽는 화덕용으로 쓰였다. 이것은 서양식 벽난로와는 그 용도가 다르다. 옛날에는 1년 내내 이로리의 불씨를 꺼뜨리지 않았다고 한다.

외벽은 쪼갠 대나무 외(椳: 댓가지 따위)로 촘촘히 엮어 상방과 하방, 기둥과 기둥에 고정시키고 거기에 볏짚을 넣은 진흙을 개어 바르고 바깥 벽쪽은 판자로 보강하고, 문에는 덧문(あまど: 雨戸, 빈지문)을 달아 풍우의 피해를 대비했다. 현관 등 안팎벽은 해초(다시마·해조류인 도박)의 삶은 물로 회를 반죽하여 벽을 발라 습기와 열기를 차단하는데 힘썼다.

가구는 오시이레(押し入れ: 벽장으로 이불 등을 넣어둠)처럼 붙박이장으로 처리하고, 모든 가구는 벽과 천정에 고정시켜 지진 때 넘어지지 않도록 하였다.

쇼지(しょうじ: 障子, 옛날에는 あかりしょうじ: 明り障子: 명장지)라는 볕이 잘 들도록 창살이 안쪽에 면하게 하여 밖에서 보면 창호지만 보이는데 그것은 문살을 햇볕이나 습기로부터 보호하기 위한 것이고, 쇼지를 열어서 동풍이 잘 되도록 하기 위함이다.

타타미(たたみ: 畳)는 돗자리 속에 두께 3~5cm 정도로 짚을 다져 넣고, 헤리(へり: 縁; 테두리 천)를 대어 꿰맨 것으로 보통 가로 90cm, 세로 180cm 크기를 1조라 하며, 방의 크기는 17세기에 규격화되어 4.5조·6조·8조·12조 등으로 구분된다. 타타미는 볏짚의 독특한 향과 탄력성에 왕골의 좋은 감촉과 더불어 이산화탄소를 흡수하므로 실내공기 정화에 뛰어나지만, 장마 때에는 습기를 머금으면 눅눅하고 메케한 냄새가 나지 않도록 관리를 잘 해야 한다. 또 타타미는 보냉성·보온성이 좋아 여름에는 시원하고 겨울에는 따뜻하다.

손님 접대실은 손님이 방문했을 때 차와 간단한 다과로 대접하며 담화도 할 수 있는 곳으로 그 집의 간판이다. 토코노마(とこのま: 床の間)에는 그림이나 글씨를 걸어 두고, 옆에 향로・꽃병・도자기・촛대 등을 진열해 두는 곳, 불교 제단인 부츠단(ぶつだん: 仏壇), 신도(神道)의 약식제단인 카미다나(かみだな: 神棚), 선조의 제사나 차례를 올리는 선반이 있다.

일본서기 제29권에 AD 675년 텐무천황(天武天皇, 631~686)이 칙령으로 소・말・개・원숭이・닭 등 다섯가지 육식금지령을 내리고, 685년에는 "각 가정에 부츠마(ぶつま: 仏間: 불단을 모신 방)에 불단을 만들고 불상과 경전을 비치하라"고 했던 것이 오늘에까지 이르고 있다.

역시 일본의 타타미 문화가 만들어낸 겨울의 난방법인 코타츠(こたつ; 炬燵)는 4인용 크기의 좌식 밥상처럼 생긴 판 밑에 발열기구를 넣고 그 위에 이불을 덮은 형태인데 네모 모양이 주류이지만 둥근 모양도 있다. 이불 위에 두꺼운 유리나 나무판을 얹으면 책상・식탁이 된다. 눈내리는 겨울 밤에 이불 밑에 발을 쑥 넣고 책을 읽거나 삶은 고구마를 먹으면서 대화의 꽃을 피우는 낭만적인 모습을 떠올릴 수 있다.

응접실

코타츠

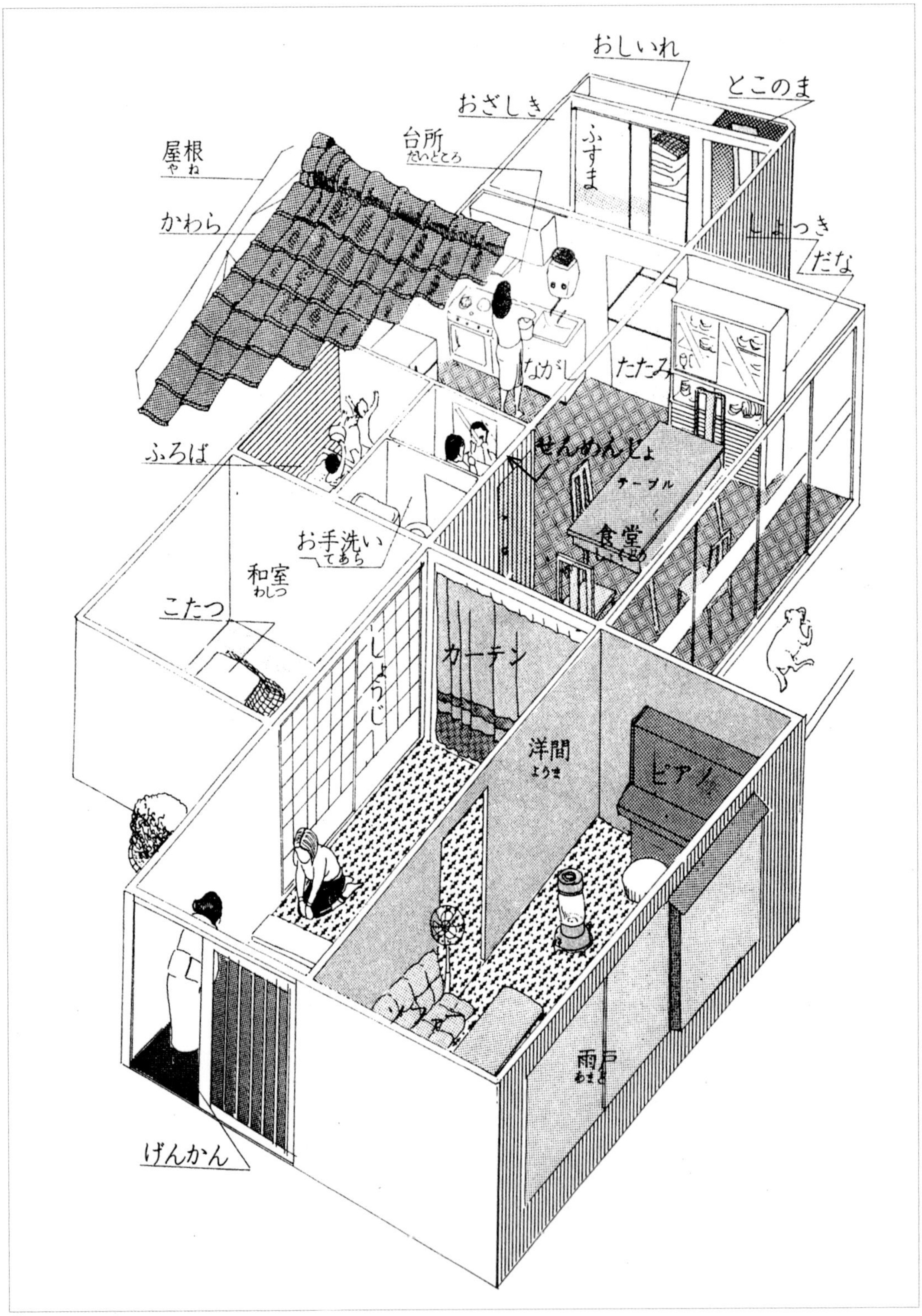
おしいれ
とこのま
おざしき
屋根
台所
ふすま
かわら
しょっき
だな
ながし
たたみ
ふろば
せんめんじょ
テーブル
食堂
お手洗い
和室
こたつ
しょうじ
カーテン
洋間
ピアノ
雨戸
げんかん

일본전통가옥구조

第12講 쇼핑의 표현

< 학습 포인트 >

(1) 쇼핑할 때 필요한 말들

(2) 색깔/상태을 나타내는 말들

(3) 10～1,000

(4) 조수사

(1) もうすこし おおきいのは ありませんか。

店員(てんいん)：いらっしゃいませ。

お客(きゃく)　：赤(あか)いジャンバーがありますか。

店員(てんいん)：これは、いかがですか。

お客(きゃく)　：もうすこし大(おお)きいのは、ありませんか。

店員(てんいん)：じゃ、あれは、いかがですか。

お客(きゃく)　：いいですね。じゃ、それをください。

店員(てんいん)：はい、ありがとうございます。

점원 : 어서 오세요.

손님 : 빨간 잠바(점퍼)가 있습니까?

점원 : 이것은 어떻습니까?

손님 : 조금 더 큰 것은 없습니까?

점원 : 그럼, 저것은 어떻습니까?

손님 : 좋네요. 그럼 그것을 주세요.

점원 : 네, 감사합니다.

TIP(팁: チップ)

(1) いらっしゃいませ: 어서 오세요/어서 오십시오

「いらっしゃい」 만으로도 '어서 오십시오' 뜻이지만, 「ませ」는 조동사 「ます」의 명령형의 공손한 말씨로 더 한층 공손을 표현한다.

(2) いかがですか: 어떻습니까?/어떠십니까?

① ご機嫌(きげん)いかがですか。 안녕하십니까(안녕하신지요)?

② いかがお過(す)ごしですか。 어떻게 지내십니까?

③ お一(ひと)ついかがですか。 하나 더 어떻습니까?

④ もう一杯(いっぱい)いかがですか。 한 잔 더 하시지 않겠습니까?

위의 ①,②는 안부를 묻는 것이고, ③,④는 권유를 나타내고 있다.

(3) どうですか: 어때요/어떻습니까/좋았습니까?)」

① お昼(ひる)ご飯(はん)はどうですか。 점심식사는 어떻습니까?

② 味(あじ)はどうですか。 맛은 어떻습니까?

あじは
どうですか

대화연습(対話練習: たいわれんしゅう)

다음과 같이 단어를 바꿔서 쇼핑연습을 합시다.

A：いらっしゃいませ。

B：赤(あか)いジャンパーがありますか。

A：これは、いかがですか。

B：もうすこし大(おお)きいのはありませんか。

A：じゃ、あれは、いかがですか。

B：いいですね。じゃ、それをください。

A：はい、ありがとうございます。

A：어서 오세요.

B：빨간 잠바(점퍼)가 있습니까?

A：이것은 어떻습니까?

B：조금 더 큰 것은 없습니까?

A：그럼, 저것은 어떻습니까?

B：좋네요. 그럼 그것을 주세요.

A：네, 감사합니다.

赤(あか)い：빨갛다　　青(あお)い：파랗다　　黄色(きいろ)い：노랗다

黒(くろ)い：검다　　白(しろ)い：희다　　茶色(ちゃいろ)い：갈색

ジャンパー：잠바(점퍼)　　ティシャツ：티셔츠　　ブラウス：블라우스

ズボン：바지　　スカート：치마　　ネクタイ：넥타이

ハンカチ：손수건　　靴下(くつした)：양말　　帽子(ぼうし)：모자

大(おお)きい：크다　　小(ちい)さい：작다　　長(なが)い：길다

短(みじか)い：짧다　　高(たか)い：비싸다　　安(やす)い：싸다

(2) もちかえりです。

店員(てんいん)：いらっしゃいませ。

お客(きゃく)　：ハンバーガーをひとつと、コーラをひとつください。

店員(てんいん)：以上(いじょう)でよろしいでしょうか。

お客(きゃく)　：はい。

店員(てんいん)：こちらでお召(め)し上(あ)がりですか。

お客(きゃく)　：いいえ、持(も)ち帰(かえ)りです。

店員(てんいん)：400円(よんひゃくえん)です。少々(しょうしょう)お待(ま)ちくださいませ。

점원 : 어서 오세요.
손님 : 햄버거를 하나와 콜라를 하나 주세요.
점원 : 이제(이상으로) 되셨습니까?
손님 : 네.
점원 : 여기(에)서 드시겠습니까?
손님 : 아니요. 들고(가지고) 갑니다.
점원 : 400엔입니다. 잠시 기다려주십시오.

TIP(팁: チップ)

(1)「よろしい」는「よい」(좋다)의 정중한 말

① 以上(いじょう)でよろしいでしょうか。: 이제(이상으로) 되셨습니까?

② ご用意(ようい)はよろしいでしょうか。: 준비는 되셨습니까?

③ もうよろしいでしょうか。: 이젠 괜찮(좋)겠습니까?

(2)「めしあがり」는「のむ(마시다)」・「たべる(먹다)」의 높임말이다.

お召(め)し上(あ)がりですか。: 드시겠습니까?

대화연습(対話練習: たいわれんしゅう)

다음과 같이 단어를 바꿔서 주문합시다.

A：いらっしゃいませ。

B：ハンバーガーをひとつと、コーラをひとつください。

A：以上(いじょう)でよろしいでしょうか。

B：はい。

A：こちらでお召(め)し上(あ)がりですか。

B：いいえ、持(も)ち帰(かえ)りです。

A：400円(よんひゃくえん)です。 少々(しょうしょう)お待(ま)ちくださいませ。

A：어서 오세요.

B：햄버거를 하나와 콜라를 하나 주세요.

A：이제(이상으로) 되셨습니까?

B：네.

A：여기(에)서 드시겠습니까?

B：아니요. 들고(가지고) 갑니다.

A：400엔입니다. 잠시 기다려주십시오.

メニュー : 메뉴

ハンバーガー：	햄버거	￥300	コーラ：	콜라	￥100
ピザ：	피자	￥600	ジュース：	주스	￥100
スパゲッティ：	스파게티	￥650	コーヒー：	커피	￥300
サンドイッチ：	샌드위치	￥350	紅茶(こうちゃ)：	홍차	￥300
アイスクリーム：	아이스크림	￥250	ビール：	맥주	￥500

10 じゅう	20 にじゅう	30 さんじゅう	40 よんじゅう	50 ごじゅう
60 ろくじゅう	70 ななじゅう	80 はちじゅう	90 きゅうじゅう	몇 십 なんじゅう

100 ひゃく	200 にひゃく	300 さんびゃく	400 よんひゃく	500 ごひゃく
600 ろっぴゃく	700 ななひゃく	800 はっぴゃく	900 きゅうひゃく	몇 백 なんびゃく

1,000 せん	2,000 にせん	3,000 さんぜん	4,000 よんせん	5,000 ごせん
6,000 ろくせん	7,000 ななせん	8,000 はっせん	9,000 きゅうせん	몇 천 なんぜん

10,000 いちまん	20,000 にまん	30,000 さんまん	40,000 よんまん	50,000 ごまん
60,000 ろくまん	70,000 ななまん	80,000 はちまん	90,000 きゅうまん	몇 만 なんまん

독해연습(読解練習: どっかいれんしゅう)

다음 말을 해석하세요.

(1) いらっしゃいませ。

(2) これは、いかがですか。

(3) いいですね。じゃ、それをください。

(4) 以上でよろしいでしょうか。

(5) こちらでお召し上がりですか。

작문연습(作文練習: さくぶんれんしゅう)

다음 말을 일본어로 쓰세요.

(1) 흰 바지가 있습니까?

________________________________。

(2) 조금 더 싼 것은 없습니까?

________________________________。

(3) 피자를 두 개와 콜라를 다섯 개 주세요.

________________________________。

(4) 잠시 기다려주십시오.

________________________________。

듣기연습(聞き取り練習: ききとりれんしゅう)

선생님의 말씀을 듣고 (　　) 안에 산 물건을 한글로 쓰고, [　　] 안에 그 개수를 쓰고, {　　} 안에 물건 값을 쓰세요

(1) (　　　　　) [　　] {　　　　　　}

(2) (　　　　　) [　　] {　　　　　　}

(3) (　　　　　) (　　　　　) [　　] {　　　　　　}

(4) (　　　　　) (　　　　　) [　　] {　　　　　　}

TIP(팁: チップ) : 조수사

(1) いくつですか。: 몇 개입니까? ※おいくつ : 몇 살

하나	둘	셋	넷	다섯	여섯	일곱	여덟	아홉	열
ひとつ	ふたつ	みっつ	よっつ	いつつ	むっつ	ななつ	やっつ	ここのつ	とお

(2) 何個(なんこ)ですか。: 몇 개입니까?

1개	2개	3개	4개	5개	6개	7개	8개	9개	10개
いっこ	にこ	さんこ	よんこ	ごこ	ろっこ	ななこ	はっこ	きゅうこ	じゅっこ

(3) 何冊(なんさつ)ですか。: 몇 권입니까?

1권	2권	3권	4권	5권	6권	7권	8권	9권	10권
いっさつ	にさつ	さんさつ	よんさつ	ごさつ	ろくさつ	ななさつ	はっさつ	きゅうさつ	じゅっさつ

(4) 何着(なんちゃく)ですか。: 몇 벌입니까?

1벌	2벌	3벌	4벌	5벌	6벌	7벌	8벌	9벌	10벌
いっちゃく	にちゃく	さんちゃく	よんちゃく	ごちゃく	ろくちゃく	ななちゃく	はっちゃく	きゅうちゃく	じゅっちゃく

(5) 何杯(なんばい)ですか。: 몇 잔입니까?

1잔	2잔	3잔	4잔	5잔	6잔	7잔	8잔	9잔	10잔
いっぱい	にはい	さんばい	よんはい	ごはい	ろっぱい	ななはい	はっぱい	きゅうはい	じゅっぱい

(6) 何本(なんぼん)ですか。: 몇 개입니까? / 몇 자루입니까? / 몇 병입니까? 등 (긴 물건들)

1개/자루	2개/자루	3개/자루	4개/자루	5개/자루	6개/자루	7개/자루	8개/자루	9개/자루	10개/자루
いっぽん	にほん	さんぼん	よんほん	ごほん	ろっぽん	ななほん	はっぽん	きゅうほん	じゅっぽん

(7) 何匹(なんびき)ですか。: 몇 마리입니까?

※병아리는 羽(わ), 소는 頭(とう)로 씀

1마리	2마리	3마리	4마리	5마리	6마리	7마리	8마리	9마리	10마리
いっぴき	にひき	さんびき	よんひき	ごひき	ろっぴき	ななひき	はっぴき	きゅうひき	じゅっぴき

(8) 何枚(なんまい)ですか。: 몇 장입니까?

1장	2장	3장	4장	5장	6장	7장	8장	9장	10장
いちまい	にまい	さんまい	よんまい	ごまい	ろくまい	ななまい	はちまい	きゅうまい	じゅうまい

(9) 何台(なんだい)ですか。: 몇 대입니까?

1대	2대	3대	4대	5대	6대	7대	8대	9대	10대
いちだい	にだい	さんだい	よんだい	ごだい	ろくだい	ななだい	はちだい	きゅうだい	じゅうだい

※ 발음에는 일부 예외가 있기는 하나, 다음과 같은 규칙성이 있다.

① 조수사 첫소리가 さ・た행 경우 1, 8, 10 ⇒ 촉음 「っ」 예) (3), (4)

② 조수사 첫소리가 か행 경우 1, 6, 8, 10 ⇒ 촉음 「っ」 예) (2)

③ 조수사 첫소리가 は행 경우 1, 6, 8, 10 ⇒ 촉음 「っ」+반탁음
3, 몇가지 → 탁음 예) (5), (6), (7)

일본의 음식

일본인의 음식은 대체로 달고 맵지 않으며 담백하고 깔끔하다. 소량의 음식물이지만 고칼로리이며 눈과 혀끝의 맛으로 먹는다고나 할까?

현대 일본의 가정에서는 밥을 주식으로 하지만 아침은 간단하게 빵(パン : 포 = pão)과 샐러드(サラダ : salad)로 식사하는 소시민이 많아졌다.

일반적인 가정요리는 밥(ごはん)・돈부리(どんぶり : 덮밥)류, 미소시루(味噌汁 : みそしる ; 된장국)・돈지루(どんじる : 돼지고기 된장국)・스이모노(吸い物 : すいもの ; 맑은 국) 등 국류(汁物類 : しるものるい), 두부요리(豆腐料理 : とうふりょうり)・낫도(納豆 : なっとう ; 삶은 콩을 볏짚에 싸서 띄운 청국장 비슷하며, 볏짚에 붙어 있는 고초균은 혈전용해활성이 높고 지속적이라고 한다) 등 콩류, 츠게모노(つけもの : 김치비슷한 야채절임)・타쿠앙(たくあん : 단무지)・오이지(きゅうりしおづけ)・우메보시(うめぼし : 매실짱아지) 등 절임류(しおづけるい), 콩(まめ)・고기(肉 : にく)・생선(魚 : さかな) 등의 조림류(煮付け類 : につけるい), 생선구이(焼き魚 : やざさかな) 등이 주류이다.

그외 즐겨 먹는 음식으로 스시(寿司 : すし ; 초밥)・오니기리(おにぎり : 주먹밥), 우동(うどん : 가락국수, 서일본이 주류)・자루소바(ざるそば : 메밀국수, 동일본이 주류)・야끼소바(やきそば)・실국수(そうめん)・만두(ぎょうざ)・라면(老麵 : ラーメン) 등 면류, 오뎅(おでん)・텐뿌라(てんぷら : 튀김)・오코노미야끼(おこのみやき) 등 튀김류, 각종 사시미(さしみ : 생선회), 복요리(ふぐりょうり), 게요리(かにりょうり), 뱀장어구이(うなぎやき), 새우요리(えびりょうり), 생선국(魚汁 : さかなじる)과 스키야끼(すきやき : 전골), 샤부샤부(しゃぶしゃぶ), 야끼토리(やきとり : 닭고기 꼬치) 등이 있다.

또 음식문화가 서구화・세계화되어 카레라이스(カレーライス), 스파게티(スパゲッティ), 햄버그스테이크(ハンバーグステーキ), 비프스테키(ビーフテキ : ビーフステーキ), 돈까스(豚カツ : fork cutlet), 비후까스(ビーフカツ), 불고기(ローストビーフ) 등 다양한 음식이 있다.

일본의 라면

라멘(ラーメン)은 일본인이 만들어낸 식품이지만 그 원류와 시기는 AD 2~3세기 몽고지방에서 만들어 먹었던 납면(拉麵)에서 유래되었다고 하는데, 일본에는 17세기에 전해졌다.

면 중에서 '츄카(지나)소바: 中華(支那)そば'는 개량 밀가루를 식용 가성소다수(간수) 반죽하여 손으로 잡아늘여서 면발을 뽑아낸 수타면(手打麵)이나 홍두깨로 밀어서 가늘게 썬 국수를 장국에 끓인 요리인데 중국식 이름 그대로 ラーメン(老麵)으로 불리어졌다.

인스턴트라면은 종전 후 일본 전역이 폐허화되어 식량난이 발생, 미국이 무상원조로 주던 밀가루로 빵을 만들어 먹었으나 주식으로 식성이 맞지않아서, 관심을 가져왔던 안도모모후쿠(安藤百福)라는 사업가가 인스턴트라면 개발을 착수하여 많은 시행착오를 거듭하던 중 그의 아내가 튀김요리를 만드는 것을 보고 텐뿌라유(天麩羅油)로 만들 때의 힌트를 얻어 젖은 면발을 150~170℃의 끓는 기름에 튀겼는데, 기름이 함유된 고칼로리의 식품으로 저장성이 좋은 장점을 살려서, 드디어 1958년 개발에 성공하였다. 안도모모후쿠는 원래 타이완(台灣) 출신으로 본명은 우파이푸(吳百福, 1910. 3. 5~2007. 1. 5: 97살)이며, 23세 때인 1933년에 일본으로 건너왔다.

안도는 맛있고, 보존이 잘되고, 가격이 적당하고, 요리하기 쉽고, 보관이 안전한 라면을 1958년에 닛신(日清, 1948년 창업) 식품의 인스턴트라면인 「치킨라면」이라는 브랜드로 출시했다. 값도 기존의 음식점에서 사먹는 가격과 비슷했는데 폭발적인 인기로 당해에 연간 1,300만개를 팔았고, 이듬해인 1959년에는 6,000만개의 판매 기록을 세웠다. 1961년에 비로소 현재와 같은 봉지라면을 만들었고, 1971년에 즉석면인 컵라면이 나왔는데 가격이 봉지라면의 3배에 달했음에도 수요가 엄청났다.

2000년도 통계에 따르면 이 즉석라면 종류만도 1,000여가지에 달하고 연간 일본에서 50억개가 넘게 소비되었고, 세계 50여개국에 수출되어 460억개나 소비되었다고 한다. 불과 40여년의 역사이지만 1999년 오사카부(大阪府)의 이케다시(池田市)에 인스턴트 라면발명기념관(The Instant Ramen Museum)을 세웠다.

또 다른 곳의 신 요코하마(新横濱)에 세워진 라면박물관에는 일본 전역에서 생산되는 라면을 한 곳에 모아 전시하여 라면의 종류・변천 역사를 알게 하였다.

국물에 따라 3대 전통라면으로 구분하는데 ① 홋카이도(北海道)의 삿포로(札幌)식 라면은 미소(된장)국에 양념을 가미한 것으로 추운 날씨의 영향을 받아 짜고 맵다. ② 토호쿠(東北)지방의 후쿠시마(福島) 키타가타(喜多方)식 쇼유(간장)라면은 돼지뼈와 해산물・야채 등으로 육수를 내어 간장으로 양념해서 깔끔하고 산뜻한 맛을 내는데 한국인들도 먹을 만하다. ③ 큐슈(九州)의 하카타(博多)식 라면은 돈골(豚骨 : とんこつ)육수의 진한 국물에 대파를 잘게 썰어 얹고 으깬 김도 곁들였지만 느끼하여 한국인들에게는 맞지 않다고 한다.

안도 모모후쿠

인스탄트라면 발명기념관

第13講 い형용사의 용법

< 학습 포인트 >

(1) い형용사의 보통형, 정중형, 과거형

(2) い형용사의 열거, 이유 표현

(3) い형용사의 명사 수식

(4) 자주 쓰는 い형용사들

(5) 신체명칭

とっても かわいいひとです。

森(もり)　　　: パクさんは目(め)が、大(おお)きいですか。

石川(いしかわ): いいえ、大きくありません。

森(もり)　　　: 髪(かみ)の毛(け)が、長(なが)いですか。

石川(いしかわ): はい、長くて、美(うつく)しいです。

森(もり)　　　: 顔(かお)はかわいいですか。

石川(いしかわ): はい、とってもかわいい人(ひと)です。

모리 : 박 씨는 눈이 큽니까?

이시카와 : 아니요, 크지 않습니다.

모리 : 머리카락이 깁니까?

이시카와 : 네, 길고 아름답습니다.

모리 : 얼굴은 귀엽습니까?

이시카와 : 네, 아주 귀여운 사람입니다.

TIP(팁: チップ)

(1) い형용사가 열거・이유를 나타낼 때 : ~い ⇒ ~くて

長(なが)い ⇒ 長くて

길다 길고, 길어서

(2) い형용사가 명사를 수식할 때 : ~い ⇒ ~い + 명사

かわいい ⇒ かわいい人(ひと)

귀엽다 귀여운 사람

(3) 「いい」는 활용하지 않는다 : ~い ⇒ いく (×)

いくありません (×)

よくありません (○) 좋지 않습니다. ⇒ 현재형

よくありませんでした (○) 좋지 않았습니다. ⇒ 과거형

※ 「いい」는 구어로 쓰여 「좋다」는 뜻이며, 「よい」와 같다.

もう いい。

① (일을 하기 전인 경우) 일을 해도 좋다.

② (하던 일을 중지하는 경우) 이제 그만.

い형용사의 긍정과 부정 표현

	보통형 / 과거형	정중형 / 과거형
긍정	大きい / 大きかった 크다 / 컸다	大きいです / 大きかったです 큽니다 / 컸습니다
부정	大きくない / 大きくなかった 크지 않다 / 크지 않았다	大きくありません(大きくないです) / 大きくありませんでした(大きくなかったです) 크지 않습니다 / 크지 않았습니다

대화연습(対話練習: たいわれんしゅう)

다음과 같이 밑줄부분을 바꿔서 뒤의 표에서 い형용사도 사용하면서 질문과 대답을 하세요.

(1) A：パクさんは目(め)が、大(おお)きいですか。

B：はい、大きいです。

いいえ、大きくありません。

A：박 씨는 눈이 큽니까?

B：네, 큽니다.

아니요, 크지 않습니다.

(2) A：髪(かみ)の毛(け)が、長(なが)いですか。

B：はい、長くて、美(うつく)しいです。

A：머리카락이 깁니까?

B：네, 길고, 아름답습니다.

(3) A：顔(かお)はかわいいですか。

B：はい、とってもかわいい人(ひと)です。

A：얼굴은 귀엽습니까?

B：네, 너무 귀여운 사람입니다.

顔(かお)：얼굴　頭(あたま)：머리　髪(かみ)の毛(け)：머리카락

眉毛(まゆげ)：눈썹　目(め)：눈　鼻(はな)：코

耳(みみ)：귀　口(くち)：입　大(おお)きい：크다

小(ちい)さい：작다　長(なが)い：길다　短(みじか)い：짧다

美(うつく)しい：아름답다　かわいい：귀엽다

자주 쓰는 い형용사

大(おお)きい	크다	小(ちい)さい	작다
高(たか)い	비싸다	安(やす)い	싸다
高(たか)い	높다	低(ひく)い	낮다
長(なが)い	길다	短(みじか)い	짧다
広(ひろ)い	넓다	狭(せま)い	좁다
重(おも)い	무겁다	軽(かる)い	가볍다
新(あたら)しい	새롭다	古(ふる)い	오래되다
多(おお)い	많다	少(すく)ない	적다
近(ちか)い	가깝다	遠(とお)い	멀다
深(ふか)い	깊다	浅(あさ)い	얕다
厚(あつ)い	두껍다	薄(うす)い	얇다
暑(あつ)い	덥다	寒(さむ)い	춥다
熱(あつ)い	뜨겁다	冷(つめ)たい	차갑다
暖(あたた)かい	따뜻하다	涼(すず)しい	시원하다
美(うつく)しい	아름답다	汚(きたな)い	더럽다
良(よ)い・いい	좋다	悪(わる)い	나쁘다

맛에 관련된 い형용사

甘(あま)い	달다	辛(から)い	맵다
苦(にが)い	쓰다	すっぱい	시다
しょっぱい	짜다		

색깔에 관련된 い형용사

赤(あか)い	빨갛다	青(あお)い	파랗다
白(しろ)い	희다	黒(くろ)い	검다
黄色(きいろ)い	노랗다	茶色(ちゃいろ)い	갈색

모양에 관련된 い형용사

丸(まる)い	둥글다	角(かく)い	모나다
四角(しかく)い	네모지다		

※ 茶色은 명사형으로 '茶色(ちゃいろ)の服(ふく) : 갈색옷' 처럼 쓸 수도 있고, '茶色(ちゃいろ)い紙(かみ) : 갈색종이' 처럼 い형용사도 쓸 수도 있다.

쓰기연습(書き練習: かきれんしゅう)

다음 한자를 [ ] 안에 히라가나로 쓰고 그 뜻을 한국어로 ( ) 안에 쓰세요.

(1) 高 [ ]い ( )

(2) 安 [ ]い ( )

(3) 長 [ ]い ( )

(4) 短 [ ]い ( )

(5) 広 [ ]い ( )

(6) 狭 [ ]い ( )

(7) 重 [ ]い ( )

(8) 軽 [ ]い ( )

독해연습(読解練習: どっかいれんしゅう)

다음 말을 해석하세요.

(1) 鼻が高いです。

______________________________。

(2) 眉毛が長くありません。

______________________________。

(3) 彼女はかわいい人でした。

______________________________。

(4) テレビは重くありませんでした。

______________________________。

우리 몸의 명칭

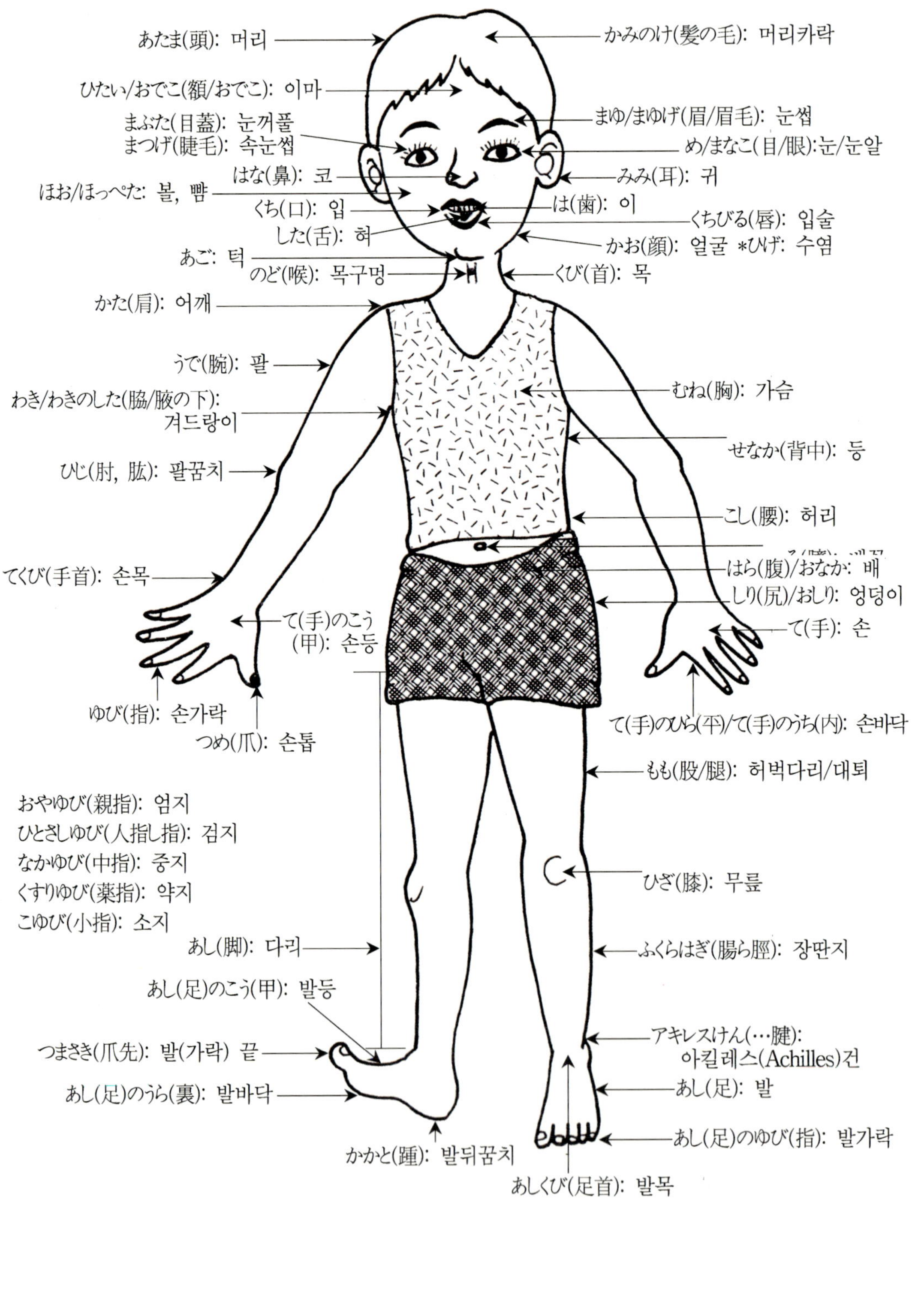
あたま(頭): 머리
かみのけ(髪の毛): 머리카락
ひたい/おでこ(額/おでこ): 이마
まゆ/まゆげ(眉/眉毛): 눈썹
まぶた(目蓋): 눈꺼풀
まつげ(睫毛): 속눈썹
め/まなこ(目/眼):눈/눈알
はな(鼻): 코
みみ(耳): 귀
ほお/ほっぺた: 볼, 뺨
くち(口): 입
は(歯): 이
くちびる(唇): 입술
した(舌): 혀
かお(顔): 얼굴 *ひげ: 수염
あご: 턱
のど(喉): 목구멍
くび(首): 목
かた(肩): 어깨
うで(腕): 팔
むね(胸): 가슴
わき/わきのした(脇/腋の下):
겨드랑이
せなか(背中): 등
ひじ(肘, 肱): 팔꿈치
こし(腰): 허리
てくび(手首): 손목
はら(腹)/おなか: 배
しり(尻)/おしり: 엉덩이
て(手)のこう
(甲): 손등
て(手): 손
ゆび(指): 손가락
つめ(爪): 손톱
て(手)のひら(平)/て(手)のうち(内): 손바닥
もも(股/腿): 허벅다리/대퇴
おやゆび(親指): 엄지
ひとさしゆび(人指し指): 검지
なかゆび(中指): 중지
くすりゆび(薬指): 약지
こゆび(小指): 소지
ひざ(膝): 무릎
あし(脚): 다리
ふくらはぎ(腸ら脛): 장딴지
あし(足)のこう(甲): 발등
アキレスけん(…腱):
아킬레스(Achilles)건
つまさき(爪先): 발(가락) 끝
あし(足): 발
あし(足)のうら(裏): 발바닥
あし(足)のゆび(指): 발가락
かかと(踵): 발뒤꿈치
あしくび(足首): 발목

노렌

'노렌'(のれん: 暖簾; 따뜻한 발)은 상점입구나 건물의 출입구에 상호가 든 포렴(布簾) 같은 것으로 가게의 특색인 간판・광고 등의 목적으로 상호(商号)나 가몬(家紋: 문장)을 내건 천, 또는 발을 말한다. 색상・크기도 다양하며, 문양・그림・글씨가 상호의 특색에 맞게 도안되어 있다.

'노렌'은 이외에도 여러 가지 기능이 있다. 예를 들면 햇빛이나 바람・먼지가 들어오지 않게 하기 위함이거나, 상점 안을 잘 보이지 않게 하는 역할도 한다. 이것은 동시에 안에 뭐가 있을까? 라는 사람의 유혹 또는 호기심까지 갖게 하기도 한다.

이와 같이 여러 가지 목적을 위해 사용되고 있는 '노렌'의 역사는 나라시대(奈良時代; 710~784)까지 거슬러 올라가므로 상당히 오래된 것이다. 그것은 옛날에 방안에 칸막이로 쓰던 겹으로 된 휘장이며 그림무늬를 곁들인 기쵸(きちょう: 几帳)나 칸막이 장막인 가베시로(かべしろ: 壁代)에서 유래된 것이다. 그후

노렌 1

이런 것이 가게를 개점할 때 등장하여 이때 만든 노렌은 몇 백년을 이어져 초심을 지키는 전통과 신용의 상징이 되기도 했다. 대대로 이어지는 장인정신은 몇 백년의 전통뿐만 아니라, 품질유지와 개선 등에 자부심과 애착을 담고 있다.

노렌이 걸려 있으면 영업중이며, 가게에 불이 켜져 있어도 노렌이 걸려 있지 않으면 준비중임을 나타낸다. 영업이 끝나면 노렌을 안으로 거두어들인다.

에도시대(江戸時代; 1603~1867)를 거쳐 오늘날에 이르기까지 상점입구에 변함없이 사용되고 있으며, 지금은 관광지에서 장식기념품으로 팔리고 있다. 관광상품이기 때문에 천에다 판화처리를 한 간단한 도형으로 강한 상징성(象徵性)·회화성(絵畫性)·전통성(伝統性)이 잘 드러나 있고, 종류도 다양해서 기념품은 물론 장식용으로 허전한 주방의 벽면이나 욕실 앞부분에 예쁜 디자인의 노렌을 걸어두면 분위기를 연출할 수 있다.

이런 역사를 가진 상점의 신용이나 격식·전통·자부심 등을 나타내는 뜻으로 '노렌'에 관한 비유도 많다.

暖簾(のれん)を上(あ)げる: 새로 개점하다.

暖簾(のれん)が古(ふる)い: 오래 된(전통있는) 상점이다.

暖簾(のれん)を下(お)ろす: 상점이 장사를 그만 하다, 또는 그 날의 장사를 마치다.

暖簾(のれん)に傷(きず)がつく: 상호에 손상(흠)이 가다.

暖簾(のれん)を汚(けが)す: 상점의 신용이나 명예를 손상시키다.

暖簾(のれん)に疵(きず)が付(つ)く: 暖簾(のれん)を汚(けが)す와 비슷함.

暖簾(のれん)にかかわる: 상점의 신용에 관계된다.

暖簾(のれん)を分(わ)ける: 분점을 차려 주고 같은 옥호를 쓰게 한다.

위와 같은 예로써 오사카(おおさか: 大阪) 상인들이 "하늘이 두 쪽 나도 노렌을 지킨다"는 뜻에서 400년 전통의 속언과 상도덕윤리가 전해오고 있다. 다음에 「오사카 상인의 18계명」을 오늘의 실정에 맞게 재구성해 실어두었으니 음미해 보도록 한다.

오사카(大阪) 상인의 18계명

1. 이익만 생각하는 사람과 교제하지 않는다.
2. 내실 없는 외형상의 규모만 확장하지 않는다.
3. 모든 거래의 결재는 현금으로 한다.
4. 인격과 신용은 재력이상임을 잊지 않는다.
5. 번돈은 유용한 일에 사용한다.
6. 장사돈과 생활비는 엄격히 구분한다.
7. 이익분배를 분명하고 투명성 있게 한다.
8. 상업자본과 이익금을 분리시켜 적립한다.
9. 간부의 언행과 태도는 부하가 따라 배운다는 것을 명심한다.
10. 동업자라 해도 비리나 나쁜 습성에는 동조하지 않는다.
11. 자기 직원들을 가족처럼 사랑한다.
12. 경영이 어렵더라도 우는 소리를 하지 않는다.
13. 어떤 경우이더라도 겸손하게 손님을 맞는다.
14. 결재일보다 그 전에 먼저 지불하도록 노력한다.
15. 외상이 많으면 이익이 적어진다는 것을 명심한다.
16. 구매자가 좋아하는 판매자가 되어야 함을 명심한다.
17. 장사의 최대방해자는 자기자신임을 잊지 않는다.
18. 먹고 입는 일에 앞서 예절이 더 중요함을 명심한다.

노렌 2

노렌 3

노렌 4

第14講 な형용사의 용법

< 학습 포인트 >

(1) な형용사의 보통형, 정중형, 과거형

(2) な형용사의 열거, 이유 표현

(3) な형용사의 명사 수식

(4) 자주 쓰는 な형용사들

きれいで、しんせつな ひとです。

前田(まえだ) : キムさんは、有名(ゆうめい)ですか。

小川(おがわ): はい、有名です。

前田(まえだ) : 綺麗(きれい)ですか。

小川(おがわ): はい、キムさんは綺麗で、親切(しんせつ)な人(ひと)です。

前田(まえだ) : それならキムさんは有名で、綺麗で、親切な人ですね。

小川(おがわ): はい、そうです。

마에다 : 김씨는 유명합니까?

오가와 : 네, 유명합니다.

마에다 : 예쁩니까?

오가와 : 네, 김씨는 예쁘고, 친절한 사람입니다.

마에다 : 그렇다면 김씨는 유명하고, 예쁘고, 친절한 사람이군요.

오가와 : 네, 그렇습니다.

TIP(팁: チップ)

(1) な형용사가 열거・이유를 나타낼 때 ～だ ⇒ ～で

綺麗(きれい)だ ⇒ 綺麗で ('～で'는 '～이고' 뜻이다)

예쁘다 예쁘고, 예뻐서

(2) な형용사가 명사를 수식할 때 ～だ ⇒ ～な ＋ 명사

親切(しんせつ)だ ⇒ 親切な人(ひと)

친절하다 친절한 사람

대화연습(対話練習: たいわれんしゅう)

(1) 다음의 밑줄부분을 바꿔서 아래 표 안의 な형용사도 사용하면서 질문과 대답을 하세요.

A：キムさんは、有名(ゆうめい)ですか。

B：はい、有名です。

いいえ、有名ではありません。

A：김 씨는 유명합니까?

B：네, 유명합니다.

아니요, 유명하지 않습니다.

な형용사의 긍정과 부정 표현

	보통형 / 과거형	정중형 / 과거형
긍정	有名だ/ 有名だった 유명하다/ 유명했다	有名です/ 有名でした 유명합니다/ 유명했습니다
부정	有名ではない/ 有名ではなかった 유명하지 않다/ 유명하지 않았다	有名ではありません(有名ではないです) / 有名ではありませんでした(有名ではなかったです) 유명하지 않습니다/ 유명하지 않았습니다

자주 쓰는 な형용사

有名(ゆうめい)だ	유명하다	元気(げんき)だ	건강하다 ①
静(しず)かだ	조용하다	真面目(まじめ)だ	성실하다
綺麗(きれい)だ	예쁘다 ②	ハンサムだ	잘생기다
親切(しんせつ)だ	친절하다	不親切(ふしんせつ)だ	불친절하다
便利(べんり)だ	편리하다	不便(ふべん)だ	불편하다
安心(あんしん)だ	안심하다	不安(ふあん)だ	불안하다
安全(あんぜん)だ	안전하다	危険(きけん)だ	위험하다
必要(ひつよう)だ	필요하다	不必要(ふひつよう)だ	불필요하다
簡単(かんたん)だ	간단하다	無理(むり)だ	무리하다
好(す)きだ	좋아하다	嫌(きら)いだ	싫어하다
上手(じょうず)だ	잘하다	下手(へた)だ	못하다

※①은 '활기차다', ②는 '아름답다, 깨끗하다'로도 쓰임

(2) 다음과 같이 밑줄부분을 바꾸서 앞의 표 안의 な형용사도 사용하면서 친구를 소개하세요.

キムさんは綺麗(きれい)で、親切(しんせつ)な人(ひと)です。

김씨는 아름답고, 친절한 사람입니다.

______________________________。

______________________________。

쓰기연습(書き練習: かきれんしゅう)

다음 말을 일본어로 쓰세요.

(1) 유명하다 : ____________

(2) 건강하다 : ____________

(3) 친절하다 : ____________

(4) 편리하다 : ____________

(5) 안전하다 : ____________

(6) 필요하다 : ____________

(7) 간단하다 : ____________

(8) 무리하다 : ____________

(9) 잘하다 : ____________

(10) 못하다 : ____________

독해연습(読解練習: どっかいれんしゅう)

다음 말을 해석하세요.

(1) ここは静かです。

____________________________。

(2) 彼はハンサムで、親切な人です。

____________________________。

(3) コンピューターは便利でした。

____________________________。

(4) 綺麗ではありませんでした。

____________________________。

스모(すもう: 相撲)

일본의 국기(こくぎ: 国技)인 스모는 한국의 씨름과 비슷하다. 그 기원은 고지키(こじき: 古事記)와 니혼쇼키(にほんしょき: 日本書紀)에 나오는 것으로 보아 신화시대부터 시작되었다. 원래는 일종의 스포츠가 아니라 농업의 길흉을 점치고 신(神)에게 예(れい: 礼)를 올리는 행사로서 행해진 의식이었다.

현재와 같이 스포츠로 정착된 것은 에도시대(えどじだい: 江戸時代)부터이다. 정규 토너먼트(トーナメント:tournament)는 1년에 6번에 걸쳐 있다. 토쿄(とうきょう: 東京)에서 1월·6월·9월의 3회와 오사카(おおさか: 大阪)에서 3월, 나고야(なごや: 名古屋)에서 7월, 후쿠오카(ふくおか: 福岡)에서 11월, 3도시에서 각 1회씩이다.

스모 선수를 리키시(りきし: 力士)라고 부르고, 마게(まげ: 髷:상투)를 틀며, 모래판에서 의식을 거행할 때 케쇼마와시(けしょうまわし: 化粧回し)라고 하는 각기 특색있는 아름답게 수를 놓은 앞치마 모양의 드림을 두르고, 씨름에 임할 때는 훈도시(ふんどし: 褌:샅바)를 착용한다.

코쿠기관(国技館), 토쿄, 료고쿠(東京, 両国)

승패는 어느 한 쪽 선수의 신체 일부가 모래판에 닿거나 둥근 모래판인 도효(どひょう: 土俵, 직경 4.55m)의 둘레 밖으로 밀려 나가게 되면 패한다. 일본 씨름은 한국의 씨름처럼 기술도 요하지만 힘으로 겨루는 씨름이기도 하다.

한 토너먼트는 15일 동안으로 씨름꾼(すもうとり: 相撲取り)은 매일 다른 상대와 대전해서 순위를 정한다.

씨름의 중요기술은 70여 가지가 넘는다. 밀어내기의 오시다시(押し出し), 손바닥으로 밀어내기의 츠키다시(突き出し), 등을 밀어내기의 오쿠리다시(送り出し), 샅바를 맞잡은 채로 상대를 밀어붙여 씨름판 밖으로 저절로 나가게 하는 요리키리(寄り切り), 단숨에 밀어 넘어뜨리는 오시타오시(押し倒し), 상대를 상수로 던지는 우와테나게(上手投げ), 상대방의 손을 위에서 잡고 던지는 코테나게(小手投げ), 상대방 팔 밑으로 손을 질러 샅바를 잡고 당기듯이 몸을 비틀어 넘어뜨리는 시타테나게(下手投げ), 상대방의 샅바를 잡고 당기듯이 몸을 비틀어 넘어뜨리는 우와테히네리(上手捻り), 그외 넘어뜨리는 기술로는 떠밀어 넘어뜨리는 츠키오토시(突き落し), 겨드랑이 안을 떠올려 넘어뜨리는 스쿠이나게(すくい投げ), 몸을 빼면서 어깨를 잡아당겨 넘어뜨리는 카타스카시(肩透かし), 씨름판 경계까지 밀어붙여 넘어뜨리는 요리타오시(寄り倒し), 어깨・목을 내리쳐서 넘어뜨리는 하타키코미(はたき込み) 등이 있다.

스모경기 모습

스모경기장

第15講 동사의 용법(기본형과 ます형)

< 학습 포인트 >

(1) 동사 기본형과 3가지 그룹

(2) ます형을 만드는 방법

(3) 집 안에서 자주 쓰는 말들

なんじに おきますか。

藤田(ふじた) : 何時(なんじ)に起(お)きますか。

岡田(おかだ) : 7時(しちじ)におきます。

藤田(ふじた) : 朝(あさ)は何(なに)を食(た)べますか。

岡田(おかだ) : 御飯(ごはん)をたべます。

藤田(ふじた) : 午前中(ごぜんちゅう)は何をしますか。

岡田(おかだ) : 勉強(べんきょう)をします。

藤田(ふじた) : 午後(ごご)は何をしますか。

岡田(おかだ) : 宿題(しゅくだい)をします。

藤田(ふじた) : 何時に寝(ね)ますか。

岡田(おかだ) : 11時(じゅういちじ)に寝ます。

후지타 : 몇 시에 일어납니까?

오카다 : 7시에 일어납니다.

후지타 : 아침은 무엇을 먹습니까?

오카다 : 밥을 먹습니다.

후지타 : 오전 중에는 무엇을 합니까?

오카다 : 공부를 합니다.

후지타 : 오후는 무엇을 합니까?

오카다 : 숙제를 합니다.

후지타 : 몇 시에 잡니까?

오카다 : 11시에 잡니다.

TIP(팁: チップ)

일본어 동사 기본형과 ます형(~ㅂ니다, ~겠습니다)을 만드는 방법

일본어 동사는 세 가지 그룹이 있고, 각 종류에 따라 활용법이 다르기 때문에, 우선 세 그룹으로 나누는 방법을 알아야 한다.

(1) 1그룹동사

기본형 어미가 「る」가 아니거나 기본형 어미가 「る」인 경우라도 어미 앞의 글자를 길게 발음하면 [a]·[u]·[o] 소리가 나오는 것은 1그룹동사이다.

※ます형: 어미를 い단으로 바꾼 다음 「ます」를 붙인다.

か
↱き ます
行(い) く　　行(い)く → 行(い)きます
け　　가다　　갑니다
こ

	ら		
	↱り ます		
乗(の)	る	乗(の)る → 乗(の)ります	
	れ	타다	탑니다
	ろ		

※예외인 1그룹동사

走(はし)る、	知(し)る、	入(はい)る
달리다	알다	들어가다(들어오다)
蹴(け)る、	減(へ)る、	帰(かえ)る
차다	줄다	돌아가다(돌아오다)

(2) 2그룹동사

기본형 어미가「る」이며, 어미 앞의 글자를 길게 발음하면, [i] 또는 [e] 소리가 나오는 것은 2그룹동사이다.

※ます형: 어미「る」를 없애고「ます」를 붙인다.

見(み)る →	見(み)ます	食(た)べる →	食(た)べます
보다	봅니다	먹다	먹습니다

(3) 3그룹동사

する(하다), くる(오다)만 있고 불규칙적으로 활용한다.

※ます형: 두 개 밖에 없기 때문에 그대로 외우면 된다.

する →	します	来(く)る →	来(き)ます
하다	합니다	오다	옵니다

	현재	과거
긍정	～ます	～ました
부정	～ません	～ませんでした

대화연습(対話練習: たいわれんしゅう)

다음의 밑줄 부분을 바꿔서 질문과 대답을 하세요.

1. A: 何時(なんじ)に起(お)きますか。 : 몇 시에 일어납니까?

   B: 5時(ごじ)に起きます。 : 5시에 일어납니다.

   起(お)きる :일어나다 → 5時(ごじ) :5시

   6時(ろくじ) :6시　7時(しちじ) :7시　8時半(はちじ はん) :8시 반

2. A: 何(なに)を食(た)べますか。 : 무엇을 먹습니까?

   B: ご飯(はん)を食べます。 : 밥을 먹습니다.

   食(た)べる :먹다 → ご飯(はん) :밥

   うどん :우동　パン :빵　ラーメン :라면

3. A: 何(なに)を飲(の)みますか。 : 무엇을 마십니까?

   B: ジュースを飲みます。 : 주스를 마십니다.

   飲(の)む :마시다 → ジュース :주스

   コーヒー :커피　お茶(ちゃ) :차　水(みず) :물

4. A: 何(なに)を見(み)ますか。 : 무엇을 봅니까?

   B: アニメを見ます。 : 애니메이션을 봅니다.

   見(み)る :보다 → アニメ :애니메이션

   ドラマ :드라마　ニュース :뉴스　映画(えいが) :영화

5. A: 何(なに)を読(よ)みますか。 : 무엇을 읽습니까?

B: 漫画(まんが)を読みます。 : 만화를 읽습니다.

読(よ)む :읽다 → 漫画(まんが) :만화

新聞(しんぶん) :신문　雑誌(ざっし) :잡지　小説(しょうせつ) :소설

6. A: 何(なに)を書(か)きますか。 : 무엇을 씁니까?

B: 韓国語(かんこくご)を書きます。 : 한국어를 씁니다.

書(か)く :쓰다 → 韓国語(かんこくご) :한국어

日本語(にほんご) :일본어　英語(えいご) :영어　漢字(かんじ) :한자

7. A: 何(なに)をしますか。 : 무엇을 합니까?

B: ゲームをします。 : 게임을 합니다.

する :하다 → ゲーム :게임

運動(うんどう) :운동　読書(どくしょ) :독서　勉強(べんきょう) :공부

8. A: 何時(なんじ)に寝(ね)ますか。 : 몇 시에 잡니까?

B: 9時半(くじはん)に寝ます。 : 9시 반에 잡니다.

寝(ね)る : 자다 → 9時(くじ) :9시 반

10時(じゅうじ) :10시　11時(じゅういちじ) :11시　12時半(じゅうにじ) :12시

동사 그룹 나누기 연습

다음 ( ) 안에 1그룹동사는 (1), 2그룹동사는 (2), 3그룹동사는 (3) 처럼 번호를 쓰세요.

(1) 書(か)く ( )
쓰다

(2) 行(い)く ( )
가다

(3) 読(よ)む ( )
읽다

(4) 飲(の)む ( )
마시다

(5) 買(か)う ( )
사다

(6) 会(あ)う ( )
만나다

(7) 話(はな)す ( )
이야기하다

(8) 遊(あそ)ぶ ( )
놀다

(9) 作(つく)る ( )
만들다

(10) 乗(の)る ( )
타다

(11) 着(き)る ( )
입다

(12) 見(み)る ( )
보다

(13) 食(た)べる ( )
먹다

(14) あげる ( )
주다

(15) 起(お)きる ( )
일어나다

(16) 寝(ね)る
자다

(17) 送(おく)る ( )
보내다

(18) 開(あ)ける ( )
열다

(19) 磨(みが)く ( )
닦다

(20) 閉(しめ)る ( )
닫다

(21) する ( )
하다

(22) 来(く)る ( )
오다

ます형 만들기 연습

다음 동사를 ます형으로 바꾸세요.

(1) 書(か)く →
쓰다

(2) 行(い)く →
가다

(3) 読(よ)む →
읽다

(4) 飲(の)む →
마시다

(5) 買(か)う →
사다

(6) 会(あ)う →
만나다

(7) 話(はな)す →
이야기하다

(8) 遊(あそ)ぶ →
놀다

(9) 作(つく)る →
만들다

(10) 乗(の)る →
타다

(11) 着(き)る →
입다

(12) 見(み)る →
보다

(13) 食(た)べる →
먹다

(14) あげる →
주다

(15) 起きる →
일어나다

(16) 寝る →
자다

(17) する →
하다

(18) 来(く)る →
오다

※ ～을 만나다: ～を会(あ)う [×]　～に会う[○]
～을 타다 : ～を乗(の)る [×]　～に乗る[○]

생활에서 자주 쓰는 말들 (ます형)

(1) 7時半(しちじ はん)に起(お)きます。[起きる]	7시 반에 일어납니다.
(2) 顔(かお)を洗(あら)います。[洗う]	세수를 합니다.
(3) 服(ふく)を着替(きが)えます。[着替える]	옷을 갈아입습니다.
(4) 朝御飯(あさごはん)を食(た)べます。[食べる]	아침밥을 먹습니다.
(5) 昼御飯(ひるごはん)を食(た)べます。	점심밥을 먹습니다.
(6) 晩御飯(ばんごはん)を食(た)べます。	저녁밥을 먹습니다.
(7) 歯(は)を磨(みが)きます。[磨く]	이를 닦습니다.
(8) 本(ほん)を読(よ)みます。[読む]	책을 읽습니다.
(9) 新聞(しんぶん)を読(よ)みます。	신문을 읽습니다.
(10) テレビを見(み)ます。[見る]	텔레비전을 봅니다.
(11) 雑誌(ざっし)を見(み)ます。	잡지를 봅니다.
(12) 掃除(そうじ)をします。[する]	청소를 합니다.
(13) 洗濯(せんたく)をします。	세탁을 합니다.
(14) 皿洗(さらあら)いをします。	설거지를 합니다.
(15) インターネットをします。	인터넷을 합니다.
(16) ゲームをします。	게임을 합니다.
(17) 電話(でんわ)をします。	전화를 합니다.
(18) 運動(うんとう)をします。	운동을 합니다.
(19) 宿題(しゅくだい)をします。	숙제를 합니다.
(20) 話(はなし)をします。	이야기를 합니다.
(21) コンピューターを使(つか)います。[使う]	컴퓨터를 사용하다.
(22) 窓(まど)を開(あ)けます。[開ける]	창문을 엽니다.
(23) 窓(まど)を閉(し)めます。[閉める]	창문을 닫습니다.
(24) 手紙(てがみ)を書(か)きます。[書く]	편지를 씁니다.
(25) メールを送(おく)ります。[送る]	메일을 보냅니다.
(26) 電気(でんき)をつけます。[つける]	전등을 켭니다
(27) 電気(でんき)を消(け)します。[消す]	전등을 끕니다.
(28) 料理(りょうり)を作(つく)ります。[作る]	요리를 만듭니다.
(29) お風呂(ふろ)に入(はい)ります。[入る]	목욕을 합니다(탕에 들어갑니다).
(30) 12時(じゅうにじ)に寝(ね)ます。[寝る]	12시에 잡니다.

일본의 전통극

• 샤미센

일본 고유의 전통 현악기(弦楽器) 가운데 한 가지로서 미국의 민속음악이나 재즈를 연주하는 밴조(banjo, 현은 4~5줄임)와 흡사하며, 고양이 가죽이나 개 가죽을 붙인 공명(共鳴) 상자와 현(コード: chord)이 있는 자루에 굵기와 음색이 다른 세 가지 맛이 난다는 3가닥의 명주실로 만들어졌다고 해서 '샤미센(しゃみせん: 三味線)'이라고 한다. 또 샤미센에도 여러 가지 종류가 있다. 중국의 산시옌(三弦)이 오키나와(沖縄)를 거쳐 임진왜란 전에 본토로 전래되었는데, 일설에는 토요토미 히데요시(豊臣秀吉)의 명(命)에 따라 도입・개량되었다고 한다.

연주할 때는 샤미센을 무릎 위에 비스듬히 얹고, 참나무・상아・물소의 뿔로 만든 삼각형 주걱모양을 한 바치(ばち: 撥:발목)로 줄을 튕겨서 소리를 낸다. 경우에 따라서는 맨손으로 뜯기도 한다. 일본의 고전예능인 조루리(浄瑠璃)・카부키(かぶき: 歌舞伎)를 비롯해서 분라쿠(ぶんらく: 文楽)나 일본민요(日本民謡)의 반주에 빼놓을 수 없는 악기이다.

그외에도 현이 4줄이며, 역시 바치로 연주하는 비와(びわ: 琵琶)가 있는데, 이것은 헤이케비와(へいけびわ: 平家琵琶)라고 하여 헤이케 이야기(へいけものがたり: 平家物語)에 가락을 붙여 비와(琵琶)를 타며 창(唱)하던 이른바 헤이쿄쿠(へいきょく: 平曲)를 한데서 유래되었다.

현대 일본의 유명한 샤미센 연주자로 요시다 료이치로(吉田良一郎), 요시다 겐이치(吉田健一) 형제를 꼽고 있다.

소(そう: 箏:쟁, 거문고 비슷한 13줄의 현악기), 킨(きん: 琴:칠현금, 탄금) 등과 같은 헤이안시대(平安時代)의 현악기 총칭을 코토(こと: 琴)라고 하며, 츠즈미(つづみ:장구・북), 타이코(たいこ: 太鼓:대고), 쇼코(しょうこ:小鼓:소고), 도라(どら: 銅鑼:징), 후에(ふえ: 笛:피리) 등의 악기들로 연주한다.

샤미센

• 카부키

카부키(かぶき: 歌舞伎)는 '노래·춤·연기(歌·舞·伎)가 어우러지는 무용극 공연물'이라 하여 한자(漢字)에서 따온 이름이며, 16~17세기부터 성행한 서민연극이다. 또 다른 뜻은 무로마치시대(室町時代)의 속어인 かぶく(카부쿠)라는 동사「한쪽으로 기울다」에서 유래된「특이한 모습을 하다」·「우스꽝스럽게 한다」·「멋대로 행동한다」로 비정상적이고 호기심을 자극하는 별난 모양이나 행동을 의미한다는 것이다.

1603년 이즈모 대사(신사) 중수(重修)를 위한 순회모금 때 이즈모(出雲) 지방출신 무녀(みこ:신사에서 종사하는 여자)인 오쿠니(阿国)가 염불에 맞추어 별난 춤을 춘 것이 원형이며, 종교적인 목적이던 것이 흥행화되었다.

주인공은 주로 에도시대(江戸時代) 이전의 특정인물로 분장하여 기발한 모양의 의상을 입고 그 당시에 유행했던 노래에 맞추어 춤을 추면서 연기하는 고전적 서민연극으로 전통예술 가운데 가장 인기가 있다.

카부키가 흥행되는 가운데 매춘행위가 생겨나 풍기문란사건으로 1629년에 공연금지령이 내려지기도 하였고, 재공연허가 때 여자는 무대에 오를 수 없게 되었는데 그후 미소년이 여장을 하였다. 이 또한 소년들의 남색문제를 야기시켜 1652년 다시 공연이 금지당했다. 이듬해 1653년에는 성년 남자를 등장시키고 인간사를 스토리화하는 조건으로 3차로 공연허가를 받았다.

남자가 여자역(おやま:女形)을 하는데 더 여성스러운 표현을 하며 여성보다 더 아름답게 분장하고 무대에 오른다. 무대는 가옥・성・바위・나무・바다・산・정원 등 대도구를 배경으로 설치한다. 회전무대와 음악과 춤이 있고 순간적으로 의상바꿔 입는 연출기법을 도입, 서양 연극에 밀려나 외면당한 카부키 관중을 다시 모았다. 고전을 각색하므로 유곽의 현란한 의상과 독특하게 화장한 사무라이의 연기가 볼거리이다.

또 무대가 열릴 때나 중요한 순간의 정지된 동작 때 딱다기(拍子木)의 '따악 따악, 딱 따악, 따악 딱'소리, 배우와 관객과의 가장 가까운 거리에서 친밀감을 나누는 하나미치(花道:꽃길이 아니라 배우들의 등장・퇴장하는 통로), 막을 내리지 않고 관객이 보는 앞에서 무대를 회전시키는 것 등 카부키는 많은 사람들의 노력을 통해 볼거리를 제공한다.

객석에서 보아 무대 왼쪽 자리인 게자(げざ: 下座)에서 반주자는 피리・샤미센・목탁・징의 효과음악을 들려준다.

대사는 일본인들도 알아듣기 어려워 역사적인 배경과 설명을 현대어로 들려주는 해설자가 따로 있고, 해설에 관한 책자도 따로 판매하고 있다. 토쿄(東京)에서는 카부키좌(かぶきざ : 歌舞伎座)와 「국립극장」에서 자주 상연된다.

카부키좌

• 노와 쿄겐

노(のう: 能)는 노가쿠(能楽)라고도 하며,「기술·기예·재능」이라는 뜻이다. 노(能)는 카마쿠라시대(鎌倉時代, 1185~1333)에 성립하여 700년의 전통을 가진 일본의 대표적인 무대예술 중 하나의 가무극(歌舞劇)이다.

초창기의 노(能)는 야외나 신사의 뜰에 신전을 향해 설치되어 사람을 관람시키지 않고 신을 즐겁게 한다는 목적에서 유래되었다. 오늘날의 노의 무대는 무대중앙에 커다란 소나무 한 그루를 그려놓고, 왼쪽에 작은 소나무 세 그루를 놓아둔 것도 자연무대 본연의 뜻이 있다.

무로마치시대(室町時代) 말기에서 에도시대(江戸時代)에 성행한 노(能)의 주역을 맡은 시테(仕手)가 방형의 무대공간에서 그려내는 춤사위는 보는 자들을 어느 사이에 환상의 경지로 이끌어 간다.

무대의 등장인물들은 카부키와 같이 모두 남자가 역을 맡아 노멘(のうめん: 能面:가면) 쓰고 연기하며, 주역을 맡아 연기하는 시테(して: 仕手)와 그를 도와 협역(わきやく: 脇役)을 하는 조연자 와키(わき: 脇)들의 시종인 츠레(連れ), 아역인 코카타(子方), 대사없는 단역의 토모(供)가 있다.

노(のう: 能)의 무대 후위에서 박자를 맞추며 흥을 돋우기 위해 반주하는 음악(피리·북·소고·징 등)을 맡은 가쿠시(楽師)들과 지우타이(地謡)라는 6~10명의 합창단이 무대 오른쪽에서 무대중앙을 향해 2줄로 나란히 앉아 노의 진행에 따

라 주제설명·정경묘사·시간의 경과 등을 당시의 테마 노래로 도와 주며, 함께 어우러져 공연한다.

노는 5종목으로 구성되는데 오늘날에는 3, 4종목으로 줄여서 연기하기도 한다. 원래 고반다테(ごばんだて: 五番立)라 하여, 제1곡은 신사의 신, 제2곡은 무사, 제3곡은 사랑받던 미녀나 미남, 제4곡은 세상을 살았던 남녀주인공, 제5곡은 산속·수중·월세계 등 천관·선녀·요정·보살·요괴 등 환상적 세계를 다룬다.

연기자들의 노멘(のうめん: 能面)에는 무표정하게 보이는 것, 풍부한 정감을 자아내는 것 등으로 격정의 순간을 무대에 펼쳐낸다. 젊은 여성을 나타내는 소면(こおもて: 小面)을 비롯하여, 귀신처럼 무서운 얼굴을 한 여자의 반야(はんにゃ: 般若), 사자춤을 추기 위해 만든 사자입(ししぐち: 獅子口), 도깨비·염라대왕, 눈이 크고 입이 비뚤어진 무섭고 우스꽝스러운 부아쿠(ぶあく: 武悪) 등 60여 가지가 넘는다. 다양한 가면과 그에 맞는 의상은 신(神)·남(男)·여(女)·광(狂)·귀(鬼)를 연출한다.

오늘날도 2000여편의 노의 대본이 완전한 상태로 남아 있으며, 그중 200여 편이 지금도 공연되고 있다. 칸아미 키요츠구(観阿弥清次, 1333~84)와 그의 아들 제아미 모토키요(世阿弥元清, 1363~1443)의 부자가 노의 대본 중에서 가장 아름답고 전형적인 내용을 많이 남겼다. 간아미의 '마츠카제(松風: 솔바람)' 제아미의 '타카사고(高砂: 다정한 노부부를 소재로 천하태평을 축원한 내용)'는 걸작이며, 칸아미의 아들은 아버지의 뒤를 이어 수세기에 걸친 노(能)의 연기자들의 전통형식인 춤·동작공연기법, 낭송·음악의 기법 등을 체계화시켜, 그 전형이 오랜 세월을 거쳐 현재에 이르게 하였다.

쿄겐(きょうげん: 狂言)은 같은 무대에서 노(能)와 노(能) 사이에 연출하는데 노(能)와는 대조적으로 밝고 빠른 템포로 진행되는 희극이다. 교대로 상연되는 이 두 극은 긴장한 상태로 노(能)를 관람한 뒤 편안한 마음으로 쿄겐을 관람하는 점은 두 예술의 조화라 할 수 있다.

쿄겐은 대사(せりふ: 台詞)와 동작으로 사회적인 모순·풍자 등을 그려내지만 그들의 연기는 재미와 웃음을 자아낸다. 그래서 어떤 극장에는 쿄겐만 8~10가지 연속하여 공연하는 곳도 있다.

• 분라쿠

분라쿠(文楽)는 ① 소규모 인형을 들고 다니며 인형극을 하던 닌교죠루리(人形浄瑠璃)와 ② 장편서사시를 음창하는 떠돌이 타유(太夫), ③ 굵기가 서로 다른 3가닥의 명주실줄의 샤미센 현악기(길이 97cm)로 연주하던 유랑연주자, 각기 활동하던 이 세 부류의 유랑 연예인들이 한데 모여 공동으로 공연하던 설화인형극에서 유래하였다.

원래 닌교죠루리라는 말은 인형(人形)을 죠루리(浄瑠璃:じょうるり)라는 노래형식에 맞추어 동작을 짓게 한다(꼭두각시 놀음)는 뜻이다. 300여년 전 17세기인 에도(江戸)시대에 발생해서 에도 말기인 19세기에 오사카(大阪)에서 죠루리 명인 우에무라 분라쿠켄(植村文楽軒)이 배출되었는데 그의 문화생들이 부흥시키고 니혼바시(日本橋)에 스승의 이름을 따 지은 전용극장인 분라쿠좌(文楽座)를 개관하여 인기를 모으자 닌교죠루리 대신에 생긴 이름이 분라쿠(文楽)이다.

분라쿠에서 주인공은 인형이며, 섬세하고 다양한 동작의 표현을 보이는데 마치 살아있는 사람과 같다. 인형 1개에 세 사람이 호흡을 맞추어 조작한다 하여 이것을 산닌즈카이(三人遣い)라 한다.

인형조정자는 모두 관객이 연기자를 의식하지 못하도록 쿠로고(黒衣)라 하는 검은 복장을 하고 검은 천으로 얼굴을 가리고 나와서 연출한다. 한 사람은 인형의 두 발을 조정하고, 또 한 사람은 인형의 왼손을, 다른 또 한 사람은 인형의 얼굴과 오른손을 담당한다.

세와모노(世話物; 세상이야기)

쿠로고를 쓴 인형조정자

인형의 머리 종류는 기본이 40여종이나 된다. 아리따운 아가씨가 한 순간에 여우로 둔갑하는 인형 바꿔치기, 눈·눈썹·입 등의 다양한 표정의 표현장치 조정기는 오랜 수련과정을 거친 결과물이다.

분라쿠 장르로는 ① 정치적인 역사시대물, ② 의리와 인정의 세와모노(世話物), ③ 무용극 3종류가 있다.

분라쿠 연출 1

분라쿠 연출 2

분라쿠 연출 3

분라쿠좌(文楽座, 大阪)

부록

1 품사의 분류

- 단어
  - 자립어
    - 활용(○) (용언)
      - 동　　사—言う,書く,いそぐ,しまう,持つ,出かける,来る,する …… ①
      - 형 용 사—赤い,青い,おそい,はやい,大きい,あたたかい,さむい … ②
      - 형용동사—しずかだ,きれいだ,大変だ,便利だ,スマートだ ………… ③
    - (체언)
      - 명　　사—車,名前,ゆめ,ほたる,とり,時間,6時,ボール,スケート … ④
      - 대 명 사—これ,それ,ここ,そこ,わたし,あなた,かれ,だれ,君 ……… ⑤
    - 활용(×)
      - 연 체 사—この,その,こんな,そんな,あらゆる,大きな,どんな …… ⑥
      - 부　　사—こう,そう,もう,ゆっくり,もっと,たぶん,かならず …… ⑦
      - 접 속 사—こうして,だから,しかし,そして,または,つまり,ところで … ⑧
      - 감 동 사—まあ,やあ,もしもし,はい,いいえ,おはよう,こんにちは … ⑨
  - 부속어
    - 활용(○)—조 동 사—(さ)せる,ない,ます,た,だ,らしい,そうだ,(よ)う …………… Ⓐ
    - 활용(×)— 조　　사—が,を,に,へ,たり,と,の,て,ても,は,も,そ,など,ね,よ,わ …… Ⓑ

(1)

⑨	③	⑦	⑥	④	②
おや	大変だ,	もう	こんな	時間	か。

④	Ⓑ	④	Ⓑ	①	Ⓑ	①
6時	の	バス	に	乗りおくれ	て	しまう。

(2)

⑧	⑤	Ⓑ	⑦	②	①	Ⓐ	Ⓑ	①	Ⓐ	Ⓑ	Ⓐ
だから	ぼく	は	もっと	はやく	出かけ	よう	と	いっ	た	ん	だ。

⑦	④	Ⓑ	①	Ⓐ	Ⓑ
とにかく	出発	を	いそご	う	よ。

2 조사의 분류

- 조사
  - 격 조 사—が,を,に,へ,で,と,の,から,より,まで,をば
  - 병립조사—か,と,や,やら,だの,たり,なり,とか
  - 준체언조사—の
  - 접속조사—が,し,て(で),と,ば,から,つつ,ては(では),ても(でも),なら,なり,ので,のに,ゆえ,くせに,けれど・けれども,たって(だって),ながら,ものの,ところが,ところで
  - 부 조 사—は,も,か,こそ,さえ,しか,すら,でも,だけ,のみ,など,まで,かも,きり,しも,ずつ,だの,とか,なら,ほか,ほど,くらい(ぐらい),ったら,ってば,なんて,なんか,ばかり,どころか
  - 종 조 사—か,かい,かな,かしら,と,さ,ぜ,ぞ,って,ったら,ってば,とも,な,なあ,ね,ねえ,の,もの,ものか,や,よ,よう,わ

3 동사활용표

구분	U	기본형	ます형	て형 (접속형)	た형 (과거형)	ない형 (현재부정형)	ない형 (과거부정형)
I 그룹동사	う	買(か)う 사다	買います	買って	買った	買わない	買わなかった
	く	行(い)く 가다	行きます	行って	行った	行かない	行かなかった
	く	書(か)く 쓰다	書きます	書いて	書いた	書かない	書かなかった
	ぐ	泳(およ)ぐ 헤엄치다	泳ぎます	泳いて	泳いだ	泳がない	泳がなかった
	す	話(はな)す 이야기하다	話します	話して	話した	話さない	話さなかった
	つ	持(も)つ 들다	持ちます	持って	持った	持たない	持たなかった
	ぬ	死(し)ぬ 죽다	死にます	死んで	死んだ	死なない	死ななかった
	ぶ	遊(あそ)ぶ 놀다	遊びます	遊んで	遊んだ	遊ばない	遊ばなかった
	む	読(よ)む 읽다	読みます	読んて	読んだ	読まない	読まなかった
	る	乗(の)る 타다	乗ります	乗って	乗っだ	乗らない	乗らなかった
II 그룹동사	-iる	見(み)る 보다	見ます	見て	見だ	見ない	見なかった
		起(お)きる 일어나다	起きます	起きて	起きた	起きない	起きなかった
	-eる	食(た)べる 먹다	食べます	食べて	食べた	食べない	食べなかった
		出(で)る 나가다	出ます	出て	出た	出ない	出なかった
III 그룹동사	カ変	来(く)る 오다	来(き)ます	来(き)て	来(き)た	来(こ)ない	来(こ)なかった
	サ変	する 하다	します	して	した	しない	しなかった
	-する	勉強する 공부하다	勉強します	勉強して	勉強した	勉強しない	勉強しなかった
	-ます	～ます ～ㅂ니다			～ました	～ません	～ませんでした

(ら)れる형 (수동형)	(さ)せる형 (사역형)	う(よう)형 (의향형)	ば(れば)형 (가정・조건형)	명령형	る.られる형 (가능형)
買われる	買わせる	買おう	買えば	買え	買える
行かれる	行かせる	行こう	行けば	行け	行ける
書かれる	書かせる	書こう	書けば	書け	書ける
泳がれる	泳がせる	泳ごう	泳げば	泳げ	泳げる
話される	話させる	話そう	話せば	話せ	話せる
持たれる	持たせる	持とう	持てば	持て	持てる
死なれる	死なせる	死のう	死ねば	死ね	死ねる
遊ばれる	遊ばせる	遊ぼう	遊べば	遊べ	遊べる
読まれる	読ませる	読もう	読めば	読め	読める
乗られる	乗らせる	乗ろう	乗れば	乗れ	乗れる
見られる	見させる	見よう	見れば	見ろ	見られる
起きられる	起きさせる	起きよう	起きれば	起きろ	起きられる
食べられる	食べさせる	食べよう	食べれば	食べろ	食べられる
出られる	出させる	出よう	出れば	出ろ	出られる
来(こ)られる	来(こ)させる	来(こ)よう	来(く)れば	来(こ)い	来(こ)られる
される	させる	しよう	すれば	しろ	(できる)
勉強される	勉強させる	勉強しよう	勉強すれば	勉強しろ	勉強(できる)
		～ましょう			

4 い형용사・な형용사 활용표

구분	기본형	어간	です형	で형 (접속형)	た형 (과거형)	ない형 (현재부정형)
い형용사	大きい(크다)	大き	いです	くて	かった	くない
	美しい(아름답다)	美し	いです	くて	かった	くない
	ない(없다)	な	いです	くて	かった	—
	～たい(～싶다)	～た	いです	くて	かった	くない
な형용사	きれいだ(예쁘다)	きれい	です	で	だった	でない
	静かだ(조용하다)	静か	です	で	だった	でない
	親切だ(친절하다)	親切	です	で	だった	でない
	便利だ(편리하다)	便利	です	で	だった	でない
	社会的だ(사회적이다)	社会的	です	で	だった	でない
	スマートだ(스마트하다)	スマート	です	で	だった	でない

1. い형용사 기본형 용법
   ① 連体形　[예] 大きい テーブル
   ② 「です」, 「らしい」, 「そうだ(伝聞)」, 「ようだ」 등의 助動詞 및 「が」, 「けれども」 등의 接続助詞에 연결됨.　[예] 寒(さむ)いです。 寒いらしいです。
2. い형용사 어간 용법
   ① 「すぎる」, 「がる」에 연결되어 動詞化됨.　[예] 難(むずか)しすぎる。 うれしがる。
   ② 「そうだ(様態)」 에 연결되어 추측을 나타냄.　[예] おいしそうだ。
3. い형용사 「て형」 용법
   ① 中止・並列　[예] 夏(なつ)は 暑(あつ)くて、冬(ふゆ)は 寒(さむ)い。
   ② 理由・原因　[예] 忙(いそが)しくて 行(い)けなかった。
   ③ 「～も いい」, 「～は いけない」 등의 관용적 어법에 연결됨.

⊙～だ, ～です, ～ます 活用

기본형	て형 (접속형)	た형 (과거・완료형)	부정형 (현재)
～だ(～이다)	～で	～だった	～でない
～です(～ㅂ니다)	～でして	～でした	～で(は)ありません
～ます(～ㅂ니다)	～まして	～ました	～ません

ない형 (과거부정형)	だろう형 (추측형)	～ば, なら형 (조건형)	～たら형 (가정형)	부사형	명사형
くなかった	いだろう	いなら ければ	かったら	く	さ
くなかった	いだろう	いなら ければ	かったら	く	さ
(なくは なかった)	いだろう	いなら ければ	かったら	く	さ
くなかった	いだろう	いなら ければ	かったら	く	さ
でなかった	だろう	なら	だったら	に	さ
でなかった	だろう	なら	だったら	に	さ
でなかった	だろう	なら	だったら	に	さ
でなかった	だろう	なら	だったら	に	さ
でなかった	だろう	なら	だったら	に	
でなかった	だろう	なら	だったら	に	さ

4. な형용사 기본형 용법

① 連体形 [예] きれいな 花, スマートな デザイン

②「ようだ」,「ほど」등에 연결. [예] 電話機(でんわき)は便利(べんり)なようだ。

5. な형용사 어간 용법

①「です」,「らしい」,「そうだ(様態)」등의 助動詞에 연결됨.

②「すぎる」에 연결되어 動詞化. [예] この 辺(あた)りは 静(しず)かすぎる。

6. な형용사「で형」 용법

① 中止・並列 [예] 電算機(でんさんき)は 便利で, そろばんは 不便(ふべん)です。

② 理由・原因 [예] この 辺りは 静かで よく 勉強(べんきょう)が できます。

③「～も いい」,「～は いけない」등의 관용적 어법에 연결.
[예] 不便でも いい。 不便では いけない。

부 정 형 (과거・완료)	가정조건	추 측	명 령
～でなかった	～なら(ば)	～だろう	・
～で(は)ありませんでした	～でしたら(ば)	～でしょう	・
～ませんでした	～ましたら(ば)	～ましょう	～ませ, ～まし

5 조동사 활용표

활용형	의미	기본형	용 례	활 용 형						접 속
				미연	연용	종지	연체	가정	명령	
동사형(下一)	수동 가능 자발 존경	れる	聞かれる	れ	れ	れる	れる	れれ	れろ れよ	미연(오단・サ변)
		られる	なげられる	られ	られ	られる	られる	られれ	られろ られよ	미연 (상일・하일, カ변)
	사역	せる	読ませる	せ	せ	せる	せる	せれ	せろ せよ	미연(오단・サ변)
		させる	やめさせる	させ	させ	させる	させる	させれ	させろ させよ	미연 (상일・하일, カ변)
い형용사형	희망	たい	行きたい	たかろ	たかっ たく	たい	たい	たけれ	○	연 용
	부정	ない	知らない	なかろ	なかっ なく	ない	ない	なけれ	○	미 연
	추측	らしい	男らしい	○	らしかっ らしい	らしい	らしい	○	○	종지(동・형), な형용사어간・체언
な형용사형	단정	だ	本だ	だろ	だっ で	だ	(な)	なら	○	체 언 조사「の」
	불확실한 단정	そうだ	降りそうだ	そうだろ	そうだっ そうで そうに	そうだ	そうな	そうなら	○	동사의 연용, い형・な형용사어간
		ようだ	降るようだ	ようだろ	ようだっ ようで ように	ようだ	ような	ようなら	○	연 체 조사「の」
	전문	そうだ	降るそうだ	○	そうで	そうだ	○	○	○	종 지
무변화형	권유 추측	う	行こう	○	○	う	(う)	○	○	미연(오단・い형・な형)
		よう	なげよう	○	○	よう	(よう)	○	○	미연(상・하일, カ・サ변)
	추측	まい	行くまい	○	○	まい	(まい)	○	○	종지(오단),미연(상일・하일, カ변・サ변)
특수형	부정	ね(ん)	知らぬ	○	ず	ぬ(ん)	ぬ(ん)	ね	○	미 연
	회상 완료	た	歩いた	たろ	○	た	た	たら	○	연 용
	정녕체	です	学生です	でしょ	でし	です	(です)	○	○	체언・조사, い형・な형용사어간
		ます	終わります	ませ ましょ	まし	ます	ます	ますれ	ませ まし	연 용
주요 용법				う (ょう)	だ,ある, なる	○	とき	ば	○	

6 助詞一覧

(1) 격조사(格助詞)

조　사	의미・용법	용　　례
が(～이/가)	주격 대상	桜が美しく咲いています。 わたしは水が飲みたいです。
から(～으로)	기점(시간) 기점(공간) 재료 원인	きょうから新学期が始まります。 その駅からバスに乗りかえます。 チーズは牛乳から作ります。 わたしの不注意から起ったことです。
で(～로)	재료 장소 원인	いすは木で作ります。 ソウルで働いています。 きのうはかぜで休みました。
と(～와, ～라고)	공동 병렬 상대 병렬 인용	この夏は友だちとワンドへ行きます。 あれとこれとどっちを買いましょうか。 道で先生と出会います。 コーヒーと紅茶を頼む。 ではまたといって別れました。
に(～에게, ～러)	장소 시간 도착점 상대 변화 목적 규칙	先生は運動場にいらっしゃいます。 毎日六時に起きます。 もうキョンジュ駅に着いたころでしょう。 先生にもうしあげましょうか。 弟も中学生になりました。 本を買いにジョンロに行きます。 この時計は一日に二分ほどすすみます。
の(～의, ～것)	소유 주격 준체언	これはわたしの人形です。 さくらの咲くころまいります。 わたしのはこれです。
へ(～으로)	방향 장소	どこへ行きますか。 兄はきのうプサンへ着きました。
や(～이나, ～랑)	병렬	みかんやりんごやなしなどがあります。
より(～보다)	비교	わたしは英語より日本語の方が好きです。
を(～을)	대상 장소 기점 방향	本を二冊買ってきました。 山道を歩きます。 九時ごろ家を出ました。 海辺を向いて歩きました。

(2) 접속조사(接續助詞)

조 사	의미・용법	용 례
が(~지만, ~ㄴ데)	역접 병렬 순접	十二月ですが まだ寒くありません。 野球も好きですが テニスも好きです。 わたしも見ましたが, とてもすばらしかったです。
から(~이라서, ~때문에)	이유	音楽家だから感情が細かいです。
けれど(も) (~지만)	역접	雪は降っているけれど(も)寒くない。
し(~고)	병렬	彼は頭もいいし 力も強いです。
た(だ)り(~거나, ~기도하고)	병렬 반복	歌ったりおどったりしています。 雨が降ったりやんだりしています。
て(で) (~고, ~아/어서)	병렬 보조동사결합 원인	大根は太くてまるいてす。 雨が降っています。 この部屋は明るくていいです。
て(で)も(~아/어도)	확정역접 확정역접 가정역접	よく見てもわかりません。 なんど読んでもわかりません。 雨が降っても行きます。
と(~면)	필연순접 동시	早く行くとまにあいます。 家に帰るとだれもいなかった。
ながら(~면서)	동시	歩きながら話しましょう。
のに(~데도)	대비(역접)	三月なのに少しも春らしくないです。
ので(~아/어서)	이유(순접)	気候がよいのでくらしやすいです。
ば(~면)	가정순접 필연순접	雨が降れば中止します。 夏になれば暑くなります。

(3) 종조사(終助詞)

조 사	의미・용법	용 례
か (~까, ~ㅂ니까)	의문 질문	かれがほんとうに来るだろうか。 これはだれの本ですか。
ね (~군요, ~지요)	가벼운질문 의미강화	あれはあなたの本ですね。 きょうはいい天気ですね。 そうですね。

(4) 부조사(副助詞)

조 사	의미・용법	용 례
か(~ㄴ가, ~지 어떨지)	불확실 선택	教室の中にだれかいますか。 行くか行かないかあしたお返事します。
くらい(~정도)	정도 가벼운 정도	五十メートルくらいはあります。 手紙ぐらいくれてもよさそうですが。
さえ(~조차)	가벼운 한정 조건	こんなことは小学生さえわかります。 雨さえ降らなければ 出かけます。
しか(~밖에)	부정	まだ半分しか読んでいません。
ずつ(~씩)	할당	この中に二つずつ入れてください。
だけ(~만)	정도 한정	言うだけでいいですか。 できるだけ調べてみましょう。
でも(~이라도)	대강예시 극단예시	野球でも見に行きませんか。 これは子供でもできることです。
など(~등)	예시	机の上にはノートやペンなどがあります。
は(~은/는)	제목 강조	わたしは学生です。 京都へは行きません。
ばかり(~만, 막~)	정도 한정 얼마 안된 상태	十日ばかり南海の旅をした。 学校では英語ばかりならっています。 いま出発したばかりです。
ほど(~정도, ~만큼)	정도 비교 대략적 분량	三人ほど来ました。 彼ほどうまい人はいません。 読めば読むほどおもしろくなります。
まで(~까지)	종류 장소 시간 극단예시	子供にまで笑われる。 大阪から東京まで行きます。 三時までに来ます。 雨が降っている上に風まで吹いている。
も(~도, ~이나)	의미강화첨가 의미강화감동	きょうも朝から雨です。 三十分も歩きました。

1 오단동사(Ⅰ그룹동사) 활용 예문

5단동사는 모두 動詞原形의 語尾에서 활용.<예: **はたら(働)く**>.

┌でください … 일하지 말아 주세요.
├でしょう=だろう … 일하지 않겠지.
├ように … 일하지 않도록.
├といけません … 일해야 됩니다.
├そうです … 일하지 않는답니다.
└ようです … 일하지 않을 듯합니다.
┌**か**ない … 일하지 않는다(**未然形**)
├くてもいいです … 일하지 않아도 됩니다.
├ければなりません … 일하지 않으면 안됩니다.
└かった … 일하지 않았다.

├れる … 일하여지다(**受動**・下一段活用이 됨)
└せる … 일하게 하다(**使役**・下一段活用이 됨)

┌始める … 일하기 시작하다(**複合動詞**)
├に … 일하러(동작의 목적)
├ながら … 일하면서
├そうです … 일할 듯합니다.
きます … 일합니다.(**連用形**)
└たい … 일하고 싶다(희망)
├くて … 일하고 싶어서,
├くなります … 일하고 싶어집니다.
├ければ … 일하고 싶으면,
├かった … 일하고 싶었다.
└くない … 일하고 싶지 않다.
└かった … 일하고 싶지 않았다.
いています … 일하고 있습니다.
├も … 일해도
├は … 일해서는
└から … 일하고 나서

┌そうです … 일했답니다.
いたら … 일했으면, 일했거든
├り … 일하기도 하고,
└から … 일했기 때문에
働くことが 出来る … 일할 수 있다(**連体形. 終止形**)
├にする … 일하기로 한다.
└になる … 일하게 된다.

├ようにする … 일하도록 한다.
├そうです … 일한답니다.
└まい … 일하지 않을 거다(まい는 특수 助動詞임)
├**け**ば … 일하면(**仮定形**)
└る … 일할 수 있다(**可能**・下一段活用이 됨)
├そ … 일하라(**命令形**)

└**こ**う … 일하자(**未然形**)
と思う … 인하려 한다
かと思う … 일할까 한다.

② 상단・하단동사(Ⅱ그룹동사) 활용 예문

활용하는 語尾의 글자가 「い」段이면 上一段, 「え」段이면 下一段임.<예: **たべる**>

- でください … 먹지 말아 주세요.
- でしょう＝だろう … 먹지 않겠지.
- ように … 먹지 않도록
- といけません … 먹어야 합니다.
- そうです … 먹지 않는답니다.
- ようです … 먹지 않을 듯합니다.

- ない … 먹지 않는다(**未然形**)
  - くてもいいです … 먹지 않아도 됩니다.
  - ければなりません … 먹지 않으면 안됩니다.
  - かった … 먹지 않았다.
- られる … 먹을 수 있다, 먹히다(**可能. 受動**)
- させる … 먹게 하다(**使役動詞**)
- まい … 먹지 않을 거다(まい는 특수 助動詞)
- 始める … 먹기 시작하다(**複合動詞**)
- に … 먹으러
- ながら … 먹으면서
- そうです … 먹을 듯합니다.
- ます … 먹습니다(**連用形**)
- たい … 먹고 싶다.
  - くて … 먹고 싶어서
  - くなります … 먹고 싶어집니다.
  - ければ … 먹고 싶으면
  - かった … 먹고 싶었다.
  - くない … 먹고 싶지 않다.
    - かった … 먹고 싶지 않았다.
- ています … 먹고 있습니다.
  - も … 먹어도
  - は … 먹어서는
  - から … 먹고나서
- たら … 먹었으면, 먹었거든
  - り … 먹기도 하고
  - から … 먹었기 때문에
  - そうです … 먹었답니다.

食べる ことが 出来る … 먹을 수 있다(**連体形. 終止形**)

- にする … 먹기로 한다.
- になる … 먹게 된다.
- ようにする … 먹도록 한다.
- そうです … 먹는답니다.
- れば … 먹으면(**仮定形**)
- よ … 먹어라(**命令形**)
- ろ … 먹어라(**命令形**)
- よう … 먹자(**未然形**)
  - と思う … 먹으려 한다.
  - かと思う … 먹을까 한다.

3 さ행변격동사(Ⅲ그룹동사) 활용 예문

어간(語幹)이 변(変하)고 있는 점에 주의. <예: **する**(하다)>

　　┌でください … 하지 말아 주세요.
　　├でしょう=だろう … 하지 않겠지요.
しない ように … 하지 않도록(**未然形**)
│ │ ├といけません … 해야 됩니다.
│ │ ├そうです … 하지 않는답니다.
│ │ └ようです … 하지 않을 듯합니다.
│ ├くてもいいです … 하지 않아도 됩니다.
│ ├ければなりません … 하지 않으면 안 됩니다.
│ └かった … 하지 않았다.
├まい … 하지 않을 거다(まい는 특수 助動詞)
し始める … 하기 시작하다(**複合動詞**)
├に … 하러
├ながら … 하면서
├そうです … 할 듯합니다.
├ます … 합니다(**連用形**)
└たい … 하고 싶다.
　├くて … 하고 싶어서
　├くなります … 하고 싶어집니다.
　├ければ … 하고 싶으면
　├かった … 하고 싶었다.
　└くない … 하고 싶지 않다.
　　　└かった … 하고 싶지 않았다.

している … 하고 있습니다.
　├から … 하고 나서
　├も … 해도.
　└は … 해서는

したそうです … 했답니다.
　├ら … 했으면, 했거든
　├り … 하기도 하고
　└から … 했기 때문에

する ことが できる … 할 수 있다(**連体形. 終止形**)
　│　　になる … 하게 된다.
　├ように … 하도록
　└そうです … 한답니다.
すれば … 한다면(**仮定形**)
せよ … 하라(**命令形**)
しろ … 하라(**命令形**)
しよう … 하라(**未然形**)
　　├と思う … 하려고 한다.
　　└かと思う … 할까 한다.

※ さ行変格形의 受動이나 使役・可能은 原形에서 変하지 않고 모두 단독으로 되어 있다.

예 **質問(しつもん)する** … 질문하다　　**質問出来る** … 질문할 수 있다(可能)
質問される … 질문받다(受動)　　**質問させる** … 질문시키다(使役)

4 か행변격동사(Ⅲ그룹동사) 활용 예문

어간이 변하고 있는 점에 주의.<예: **くる**(오다)>

┌でください … 오지 말아 주세요.
├でしょう=だろう … 오지 않겠지요.
├ように … 오지 않도록
├といけません … 와야 됩니다.
├そうです … 오지 않는답니다.
├ようです … 오지 않을 듯합니다.

來(こ)ない … 오지 않는다(**未然形**)
│├くてもいいです … 오지 않아도 됩니다.
│├ければなりません … 오지 않으면 안 됩니다.
│└かった … 오지 않았다.
├られる … 올 수 있다. 와지다(**可能. 受動**)
├させる … 오게 하다(**使役**)
└まい … 오지 않을 거다(まいは 특수 助動詞)

來(き)ます … 옵니다(**連用形**)
├ながら … 오면서
├そうです … 올 듯합니다.
└たい … 오고 싶다.
　├くて … 오고 싶어서
　├くなります … 오고 싶어집니다.
　├ければ … 오고 싶으면
　├かった … 오고 싶었다.
　└くない … 오고 싶지 않다.
　　└かった … 오고 싶지 않았다.

來(き)ています … 오고 있습니다.
├から … 오고 나서
├も … 와도
└は … 와서는

來(き)たら … 오거든, 왔으면
├り … 오기도 하고
├から … 왔기 때문에
└そうです … 왔답니다.

來(く)る ことが できる … 올 수 있다(**連体形. 終止形**)
├ようにする … 오도록 한다.
├そうです … 온답니다.
└ようです … 올 모양입니다.

來(く)れば … 오면(**仮定形**)

來(こ)い … 오너라(**命令形**)

來(こ)よう … 오자(**未然形**)
├と思う … 오려고 한다.
└かと思う … 올까 한다.

수 い형용사 활용 예문

<예: **たのしい**(즐겁다)>

┌かろう … 즐겁겠지(**未然形**)
├かった … 즐거웠다.
├くなる … 즐거워지다(五段活用이 됨)
├くない … 즐겁지 않다.
│　├かった … 즐겁지 않았다.
│　└ければ … 즐겁지 않으면
│
楽(たの)しい … 즐겁다(**終止形**)
　├そうです … 즐겁답니다.
　├とき … 즐거운 때
　└ことがある … 즐거울 때가 있다.
　│
　└ければ … 즐거우면(**仮定形**)

6 な형용사 활용 예문

<예: **しずかだ**(조용하다)>

┌だろう**=**でしょう … 조용하겠지(**未然形**)
│
├だった … 조용했었다.
├ではない**=**ではありません
├になる … 조용해지다(五段活用이 됨)　―(**連用形**)
│　└ります … 조용해집니다.
├で … 조용하고
│
静(しず)かだ … 조용하다(**終止形**)
　├そうです … 조용하답니다.
　├な … 조용한(**連体形**)
　├部屋 … 조용한 방
　└なら … 조용하면(**仮定形**)

※ 終止形의 예
1) 夏休(なつやす)みは 本当(ほんとう)に 楽(たの)しい。
여름휴가는 정말로 즐겁다.
2) この 部屋(へや)が 一番(いちばん) 静(しず)かだ。
이 방이 제일 조용하다.

기본대화(基本対話: きほんたいわ) 신출단어(新出単語: しんしゅつたんご)

第1講

初(はじ)め : 처음(으로), 비로소
～は : (조사)～은/는
よろしく : 잘(좋도록), 부탁합니다
こちら : 이쪽, 이곳, 여기
私(わたし) : 나, 저
どうぞ : 아모쪼록, 부디
お願(ねが)いします : 부탁합니다
こそ : ～야말로

第2講

あなた : 당신
～です : ～입니다
はい : 예, 네
いいえ : 아니, 아니오
そうです : 그렇습니다
ちがい : 틀림, 다름
学生(がくせい) : 학생
～か : (의문사)～까
～も : (조사)～도
先生(せんせい) : 선생님
じゃ : 그럼
会社員(かいしゃいん) : 회사원

第3講

お父(とう)さん : 아버님
何人(なんにん) : 몇 사람
～の : (조사)～의, ～것
母(はは) : 어머니
ふたり : 두 사람, 둘
父(ちち) : 아버지
かぞく(家族) : 가족
～と : (조사)～와
兄(あに) : 형, 오빠
五人(ごにん) : 5명

第4講

これ : 이것
それ : 그것
雑誌(ざっし) : 잡지
あれ : 저것
弟(おとうと)さん : (당신의) 남동생
何(なん) : 몇
韓国(かんこく) : 한국
弟(おとうと) : (자기의) 남동생
～ので : ～이고

第5講

サッカー ： 축구(soccer)
~は？ ： ~은/는 요
嫌(きら)い: 싫음
下手(へた) ： 서투름
好(す)き ： 좋아함
じゃありません ： ~지 않습니다
上手(じょうず) ： 능란함

第6講

家(いえ) ： 집
番号(ばんごう) ： 번호
携帯(ケータイ) ： 휴대
電話(でんわ) ： 전화
何番(なんばん) ： 몇 번

第7講

すみません ： 미안합니다
何時(なんじ) ： 몇 시
五分(ごふん) ： 5분
授業(じゅぎょう): 수업
~まで ： (조사)~까지
四時(よじ) ： 4시
あっ ： 앗(놀람 따위)
今(いま) ： 지금
一時(いちじ) ： 한시
日本語(にほんご) ： 일본어
~から ： (조사)~부터
三時(さんじ) ： 3시
五十分(ごじゅっぷん) ： 50분
ありがとうございます ： 감사합니다

第8講

誕生日(たんじょうび) ： 생일
何日(なんにち) ： 며칠
一日(ついたち) ： 1일
正月(しょうがつ) ： 정월
五月(ごがつ) ： 5월
わあ ： (감탄사)와~
日(ひ) ： 날
何月(なんがつ) ： 몇 월
一月(いちがつ) ： 1월
えっ ： 예!, 네!
~ね ： ~네요
五日(いつか) ： 5일
子供(こども) ： 어린이

第9講

明日(あした) : 내일
月曜日(げつようび) : 월요일
試験(しけん) : 시험
え~ : (감탄사)허~
何曜日(なんようび) : 무슨 요일
期末(きまつ) : 기말
来週(らいしゅう) : 다음 주
同(おな)じ : 같음, 동일

第10講

ここ : 여기
どこ : 어디
コンピューター : 컴퓨터(computer)
机(つくえ) : 책상
何(なに) : 무엇
下(した) : 아래, 밑에
部屋(へや) : 방
~に : (조사)~에
あります : 있습니다(사물)
上(うえ) : 위
います : 있습니다(사람・동물)
猫(ねこ) : 고양이

第11講

デパート : 백화점
行(い)って : 가서(㉯いく)
角(かど) : 모퉁이
右(みぎ) : 오른쪽
曲(ま)がると : 돌면
ああ : (감탄사)아~
どうも : 대단히
エスカレーター : 에스컬레이터(escalator)
まっすぐ : 똑바로
ひとつめ : 첫 번째
~を : (조사)~을/를
曲(ま)がる : 돌다
左(ひだり) : 왼쪽
そうですか : 그렇습니까?
アクセサリー: 악세서리(accessory)
三階(さんがい) : 3층

第12講 (1)

いらっしゃいませ : 어서 오세요
ジャンバー : 점퍼(jumper)
もう : (조금) 더
大(おお)きい : 크다, 큰
いい : 좋다(㉯ よい)
赤(あか)い : 빨간, 빨갛다
いかが : 어떻게, 어떻습니까
すこし : 조금, 약간
ありませんか : 없습니까
ください : 주세요

第12講 (2)

ハンバーガー : 햄버거(hamburger)
コーラ : 콜라(cola)
～で : (조사)～으로, ～에
～でしょう : ～겠지요
お召(め)し上(あ)がりですか : 잡수시겠습니까?
持(も)ち : 들고(원もつ)
400円(よんひゃくえん) : 400엔
お待(ま)ち : 기다려(원まつ)
ひとつ : 두 개
以上(いじょう) : 이상
よろしい : 좋다, 괜찮다
～でしょうか : ～겠습니까?
こちらで : 여기서
もち帰(かえ)る : 가지고 돌아가다
少々(しょうしょう) : 조금, 약간

第13講

目(め) : 눈
髪(かみ) : 머리(털)
長(なが)い : 길다, 긴
美(うつく)しい : 아름다운, 아름답다
かわいい : 귀엽다, 사랑스럽다
人(ひと) : 사람
大(おお)きくありません : 크지 않습니다
かみの毛(け) : 머리카락
長(なが)くて : 길고
顔(かお) : 얼굴
とっても : 아주, 대단히

第14講

有名(ゆうめい) : 유명
親切(しんせつ) : 친절
綺麗(きれい) : 예쁨, 고움
それなら : 그렇다면

第15講

起(お)きます : 일어납니다
朝(あさ) : 아침
御飯(ごはん) : 밥
～中(～ちゅう) : (접미어)～중
勉強(べんきょう) : 공부
午後(ごご) : 오후
寝(ね)ますか : 잡니까?
七時(しちじ) : 7시
食(た)べます : 먹습니다
午前中(ごぜんちゅう) : 오전중
しますか : 합니까?
～をします : ～을합니다
宿題(しゅくだい) : 숙제
11時(じゅういちじ) : 11시

저자 약력
일본 히로시마현 출신
히로시마공업대학 졸업
전주대학교 일어교육학과 졸업
조선대학교 국어국문학과 석사과정 졸업
전) 동신대학교 일본어학과 전임강사
현) 가야대학교 교양학부 일본어 조교수

저서
- 앗, 일본어회화가 된다. 상, 하 (학사원)
- キムさんのにほんほうもん
  일본과 일본어체험스토리-기초다지기와 중급회화까지 (학사원)
- たなかさんのかんこくほうもん
  일본인 친구에게 한국안내-기초다지기와 중급회화까지 (학사원)
  外 多數

일본어와 일본문화(Ⅰ)

2013년 2월 20일 인 쇄
2013년 2월 25일 발 행

지은이 : 쿠시베에이지
펴낸이 : 장 세 진
펴낸데 : 학 사 원

대구광역시 중구 서문로2가 38의 3번지
전화 : (053) 253-6967, 254-6758,
FAX : (053) 253-9420
등록 : 1975년 11월 17일 (라120호)

정가 16,000원

ISBN 89-8223-083-7 93730